Houghton
Mifflin
Harcourt

Manual de escritura para los estándares comunes

GRADO

4

Contenido

Contenido

Cómo usar este libro

La escritura es una gran herramienta. Te puede ayudar a resolver problemas y también a expresarte. Por ejemplo, la puedes usar para concretar una idea o desarrollar un punto. Este manual te ayudará a descubrir maneras de usar bien esta herramienta.

¿Qué es un manual?

Si la escritura es una herramienta, entonces este es el manual para aprender a usarla. Contiene definiciones claras, estrategias, modelos y prácticas clave. Consulta sus páginas todo lo que necesites antes, durante y después de la escritura.

Secciones de este libro

Este manual tiene tres secciones:

1 **Formas de escritura:** Definiciones, etiquetas y modelos de formas clave de escritura

2 **Estrategias de escritura:** Ideas y métodos que puedes usar para cada tipo de escritura

3 **Modelos y formas de escritura:** Ejemplos de buena escritura

Cómo encontrar información

Busca la información en este libro de dos maneras diferentes:

- **Utiliza la página de contenidos.** Busca la sección que necesites y luego ve a la entrada que más se parezca al tema que quieres.
- **Utiliza las pestañas en la parte superior de las páginas a mano izquierda.** Los nombres de las pestañas cambian con cada sección. Puedes ir a las secciones que te interesan y encontrar rápidamente la información que buscas.

Propósitos para escribir

Al escribir, una de las primeras cosas que debes hacer es pensar en tu propósito. Tu **propósito** es la razón principal por la que escribes. Hay muchos propósitos para escribir, pero cuatro de los más importantes son informar, explicar, narrar o persuadir.

● Informar

Informar es dar o compartir información. Esto quiere decir escribir y compartir datos y detalles. Algunos ejemplos de escritura que informan son los informes, los ensayos informativos y las instrucciones.

● Explicar

Explicar significa hablar más sobre un tema diciendo qué, por qué y cómo. Algunos tipos de escritura que explican son las instrucciones, los párrafos sobre cómo hacer algo y las explicaciones.

● Narrar

Narrar significa contar una historia, ya sea real o inventada. Algunos ejemplos de escritura narrativa incluyen los relatos personales, los cuentos y las biografías. (Nota: las biografías también informan).

● Persuadir

Persuadir significa convencer a alguien para que esté de acuerdo con tu opinión u objetivo, o para que haga algo. Algunos ejemplos de escritura que persuaden son los párrafos de opinión, los ensayos persuasivos y las reseñas de libros o películas.

Entender la tarea, el público y el propósito (TPP)

Conocer tu propósito es una manera útil de seleccionar el tipo de escritura que podrías hacer. También debes pensar en el **público**, o para quién estás escribiendo. Por ejemplo, las palabras que usas para escribir a un amigo probablemente sean diferentes de las que usas con una persona que no conoces.

Conocer tu propósito y tu público te ayudará a seleccionar rápidamente tu **tarea**, o forma de escritura. Por ejemplo, si quieres contarles a tu maestro y a tus compañeros de clase sobre un tema que has estado estudiando, podrías elegir compartir la información como un informe, un ensayo o una presentación multimedia.

Decide tu tarea, tu público y tu propósito, o **TPP**, antes de empezar a escribir. Tu tarea es lo que escribes. Tu propósito es por qué escribes. Tu público es para quién escribes. El maestro puede darte tu TPP para una tarea. A veces lo elegirás tú mismo.

Hazte estas preguntas.

Tarea: ¿<u>Qué</u> estoy escribiendo?

¿Quiero escribir una carta, un informe u otra cosa?

Público: ¿Para <u>quién</u> estoy escribiendo?

¿Estoy escribiendo para un maestro, para un amigo, para mí o para otra persona?

Propósito: ¿<u>Por qué</u> estoy escribiendo?

¿Estoy escribiendo para persuadir a alguien, para dar información o por otra razón?

El proceso de escritura

La escritura es igual a cualquier otra meta que te propones. Por lo general, necesitas un plan para comenzar. Es probable que, una vez que hayas comenzado, quieras hacer cambios a lo que estás haciendo para mejorarlo.

El proceso de escritura es una estrategia de cinco etapas diseñado para ayudarte a escribir bien. Te ayuda a saber cómo comenzar. También te ayuda a pensar en lo que vas a escribir y luego a hacer cambios para mejorarlo a medida que avanzas. La mejor parte del proceso de escritura es que puedes volver a cualquiera de las etapas mientras escribes.

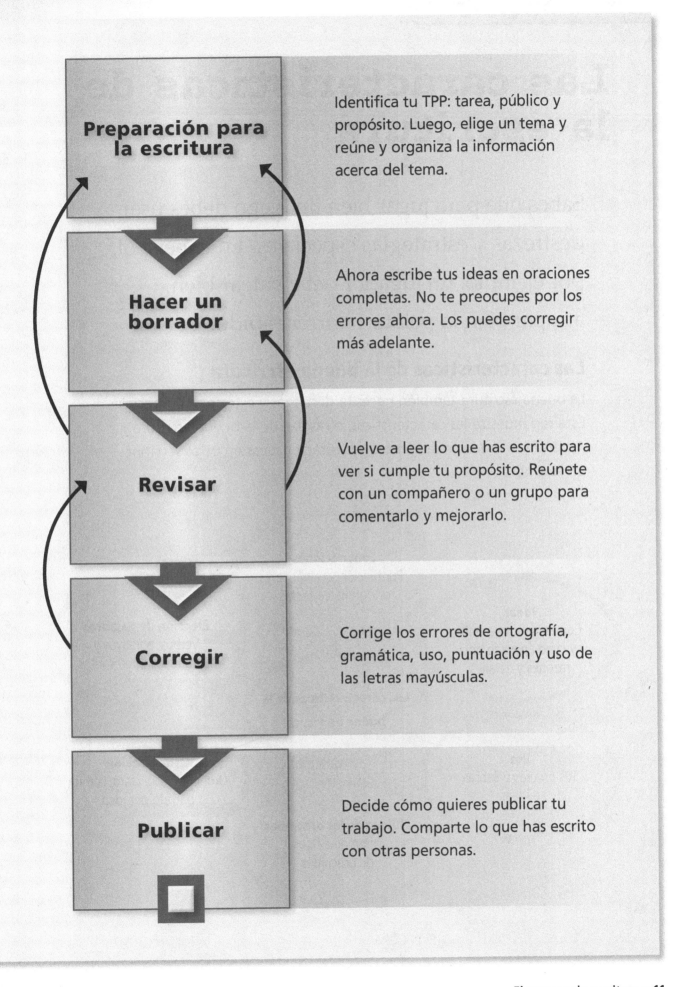

Preparación para la escritura

Identifica tu TPP: tarea, público y propósito. Luego, elige un tema y reúne y organiza la información acerca del tema.

Hacer un borrador

Ahora escribe tus ideas en oraciones completas. No te preocupes por los errores ahora. Los puedes corregir más adelante.

Revisar

Vuelve a leer lo que has escrito para ver si cumple tu propósito. Reúnete con un compañero o un grupo para comentarlo y mejorarlo.

Corregir

Corrige los errores de ortografía, gramática, uso, puntuación y uso de las letras mayúsculas.

Publicar

Decide cómo quieres publicar tu trabajo. Comparte lo que has escrito con otras personas.

Las características de la escritura

Sabes que para jugar bien un juego debes usar destrezas y estrategias especiales. En el béisbol, por ejemplo, un jugador debe batear bien, atrapar bien la pelota y correr rápido.

Las características de la buena escritura

La buena escritura también necesita destrezas y estrategias especiales. Esta red muestra las características, o rasgos, de la buena escritura. Aprenderás mucho más sobre estas características en otras secciones de este libro.

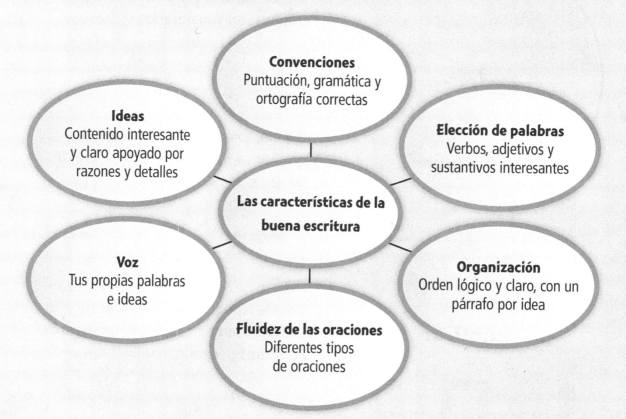

Convenciones
Puntuación, gramática y ortografía correctas

Ideas
Contenido interesante y claro apoyado por razones y detalles

Elección de palabras
Verbos, adjetivos y sustantivos interesantes

Las características de la buena escritura

Voz
Tus propias palabras e ideas

Organización
Orden lógico y claro, con un párrafo por idea

Fluidez de las oraciones
Diferentes tipos de oraciones

Lista de control de las características

A medida que practicas la escritura, hazte estas preguntas.

☑ **Ideas**	¿Está claro mi propósito? ¿Me mantengo en el tema? ¿Uso detalles para apoyar mis ideas?
☑ **Organización**	¿Mis ideas están en un orden claro? ¿Tengo un comienzo, un desarrollo y un final? ¿Mis ideas están agrupadas en párrafos? ¿Uso palabras de transición, por ejemplo, palabras de secuencia?
☑ **Voz**	¿Uso mis propias palabras e ideas? ¿Tengo en cuenta mi tema y mi público?
☑ **Elección de palabras**	¿Uso sustantivos específicos, verbos expresivos y adjetivos llamativos?
☑ **Fluidez de las oraciones**	¿Uso distintos tipos de oraciones?
☑ **Convenciones**	¿Mi ortografía, mi gramática y mi puntuación son correctas?

Párrafo descriptivo

Un **párrafo descriptivo** describe, o habla sobre, una persona, un lugar, una cosa o un suceso usando detalles vívidos y palabras sensoriales.

Partes de un párrafo descriptivo

- Una oración temática que menciona con claridad la persona, el lugar, la cosa o el suceso que se describirá
- Oraciones con detalles vívidos, verbos de acción y adjetivos llamativos
- Palabras sensoriales que ayudan al lector a ver, oír, sentir, oler y saborear lo que se describe
- Palabras que indican posición y dicen dónde están las cosas
- Un oración final que relaciona todas las ideas

Oración temática →

Para mí, no hay nada mejor que un día en la orilla del mar. Una de mis cosas favoritas es construir castillos de arena. Uso la arena húmeda y viscosa que está cerca del

Detalles vívidos →

agua para hacer mis castillos. Mantiene todo junto. **A la distancia,** hay olas enormes. Me gusta zambullirme en esas olas y que me lleven hasta la orilla. El agua está helada cuando me meto por primera vez, y siento el sabor a sal

Palabras sensoriales →

hasta mucho después de haber salido. Oigo el llamado de las gaviotas desde **arriba** mientras se zambullen para atrapar peces. **En** la arena, busco conchas marinas para agregar a mi colección. Algunas son suaves y otras son ásperas. **Junto** al agua, las conchas marinas mojadas brillan bajo la luz del sol. ¡La orilla del mar es un hermoso

Oración final →

lugar para visitar!

Otras palabras que indican posición
A la izquierda
Más allá
Atrás
Enfrente
A la vuelta de
   la esquina
Al lado
A la derecha

Nombre _____

Sigue las instrucciones de tu maestro para completar las actividades 1 y 2.

Juntos 1

_____ es uno

de mis lugares favoritos. _____.

A la distancia, _____

_____.

_____. En

_____

_____.

Junto a _____.

_____.

Tú 2

_____

_____

_____. Junto a _____

_____. Al lado de _____

_____.

A la izquierda de _____.

_____.

A medida que me alejo, veo _____.

Tú 3 En una hoja aparte, usa tu plan de preparación para la escritura para escribir un párrafo descriptivo sobre un lugar conocido que hayas visitado recientemente, o haz un nuevo plan para escribir un párrafo sobre un lugar que hayas visto en algún viaje.

Narración

Una **narración** cuenta sobre una experiencia o un suceso real o imaginario. Una narración real habla sobre algo que realmente le sucedió al escritor.

Partes de una narración

- Un comienzo interesante que presenta los personajes principales, el momento y lugar de la narración
- Sucesos contados en orden cronológico, o secuencia
- Detalles y diálogos que permiten que los lectores comprendan a los personajes, los sucesos y el escenario
- Un final que dice cómo resultó el cuento

Comienzo
Hace que los lectores quieran saber más.

El jueves, todos en la clase eligieron animales para hacer un informe menos Jason, que ese día estaba enfermo.

—No es justo —se quejó Jason—, porque quería investigar sobre los leopardos. Sara escogió mi tema.

Sucesos
Cuentan lo que sucedió en orden cronológico.

Durante el almuerzo, intenté ayudar a Jason. Le nombré algunos animales interesantes. Ninguno le interesaba. **Después** del almuerzo, fuimos a hacer gimnasia al aire libre. Vi una criatura extraña **tan pronto como** corrí al campo. Se arrastraba por los cálidos y rojos ladrillos del edificio de la escuela.

Detalles concisos y diálogos
Incluyen imágenes, sonidos y las palabras que dicen los personajes.

—Mira, Jason. ¡Aquí está tu informe de ciencias! —grité con emoción mientras señalaba una ramita delgada y marrón.

—Estamos estudiando animales —agregó Jason.

Otras palabras de transición
Primero
A continuación
Luego
Al mismo tiempo
Mientras tanto
Más tarde
Por último
Hasta que

—Ese palito que camina *es* un insecto —le expliqué.

Final
Cierra la narración e indica cómo se sintió el escritor.

Jason sonrió. **Finalmente,** tenía un tema que le gustaba. Me sentí orgulloso de haber ayudado a mi amigo.

Nombre_____

Sigue las instrucciones de tu maestro para completar la actividad.

1 Un problema que ayudé a un amigo a resolver fue _____

_____.

Primero, _____

_____. A continuación, _____.

_____. Luego, _____

_____

_____

_____

_____. Después, _____

_____

_____. Después de eso, _____

_____

_____. Finalmente, _____

_____.

Me sentí _____.

2 En una hoja aparte, escribe una narración real sobre la broma más graciosa que le hayas hecho a alguien.

3 En una hoja aparte, usa tu plan de preparación para la escritura para escribir una narración real, o haz un nuevo plan para escribir sobre una ocasión en que defendiste algo en lo que crees.

Diálogo

En un cuento, el **diálogo** son las palabras que dicen los personajes. El diálogo ayuda al lector a imaginar cómo son los personajes y cómo actúan.

✏️ Partes de un diálogo

- Palabras que suenan como una conversación real
- Palabras que se ajustan a la edad y la personalidad del personaje
- Acciones y movimientos que muestran cómo se sienten y actúan los personajes
- Puntuación correcta que ayuda al lector a comprender quién habla y cómo se dice algo

Palabras de la vida real
Son palabras que suenan naturales y muestran cómo es un personaje.

Acciones y movimientos
Indican qué hacen los personajes y cómo actúan.

Puntuación
Los guiones largos señalan las palabras que dice un personaje.

En agosto, Mina y su abuela visitaron la playa Arenas Blancas. Caminaban por el agua poco profunda y juntaban hermosas conchas marinas. De pronto, Abuela quedó como congelada.

—¿Qué pasa? —**preguntó Mina**.

—No te muevas —**siseó Abuela**—. Hay una medusa justo al lado de tu pierna. ¡Puede picarte!

—Avísame... Avísame cuando se vaya —**susurró Mina** nerviosa, mirando fijamente hacia adelante.

Pronto, la marea alejó suavemente a la medusa pegajosa mar adentro. Abuela sonrió.

—Ya se fue, cariño.

Mina se relajó y salió corriendo del agua hacia la arena. Abrazó a su abuela con fuerza.

—Gracias por advertirme —**dijo Mina** con gratitud—. La próxima vez miraré bien dónde estoy parada al buscar conchas marinas.

Otros indicadores de hablantes
chilló
se preguntó
rieron
exclamaron
gritó mi hermana
suspiró el maestro
respondió el hombre

Nombre _____

Sigue las instrucciones de tu maestro para completar la actividad.

1

— _____

_____

_____ —dijo _____.

— _____

_____

_____ —respondió _____.

Luego, _____ preguntó:

— _____.

— _____.

— _____

_____

_____ —respondió _____—,

_____.

—¡ _____

_____ ! —exclamó _____.

— _____

_____ —dijo _____.

2 En una hoja aparte, escribe un diálogo entre dos amigos que están discutiendo.

3 En una hoja aparte, usa tu plan de preparación para la escritura para escribir un diálogo, o haz un nuevo plan para escribir un diálogo entre un entrenador y un jugador.

Ficción narrativa: Preparación para la escritura

Una **ficción narrativa** es un relato inventado que trata sobre personajes que resuelven un problema.

✏️ Preparación para la escritura

- Primero, haz una lluvia de ideas de los personajes, el escenario y un problema.
- Luego, elige el tema. Haz una lista de lo que sucede al comienzo, en el desarrollo y al final.
- Por último, usa un organizador gráfico para planear tu escrito.

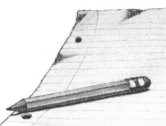

Personajes: dos niñas, (padre e hija), grupo de niños exploradores

Escenario: una venta de garaje, (el centro comercial), una cabaña

Problema: rompe un jarrón, (quiere un gatito), queda atrapado en una tormenta

Escenario	Personajes
Centro comercial: puesto de refugio de animales	Joan: ansiosa, impaciente Su papá: atento, amable

Trama

Comienzo

Joan y su papá están en un puesto especial que funciona como refugio de animales en un centro comercial. Ella quiere adoptar un gatito.

Desarrollo

Papá dice que primero deben preguntar a Mamá, pero Joan tiene miedo de que el gatito no esté cuando regresen.

Clímax

La mamá y el papá de Joan conversan sobre si Joan puede tener el gatito.

Final

Los padres de Joan dicen que sí. Van al centro comercial y Joan se alegra al ver que el gatito todavía está allí.

Nombre _____

Sigue las instrucciones de tu maestro para completar la actividad.

Escenario	Personajes

Trama

Comienzo

Desarrollo

Clímax

Final

2 En una hoja aparte, completa un organizador gráfico como el de arriba. Escribe tus ideas para una ficción narrativa sobre un personaje que pierde algo importante.

3 En una hoja aparte, haz un plan de preparación para la escritura de una ficción narrativa. También puedes usar lo que has aprendido para mejorar un plan anterior.

Ficción narrativa

Una **ficción narrativa** trata sobre personajes inventados que resuelven un problema.

✏ Partes de una ficción narrativa

- Un comienzo que presenta los personajes y un problema
- Descripciones que incluyen palabras vívidas y de acción
- Un desarrollo que muestra cómo enfrentan el problema los personajes
- Un clímax que representa la parte más emocionante del cuento
- Un final que cuenta de qué manera los personajes resuelven el problema

Comienzo
Presenta los personajes y el problema.

Descripciones
Incluyen palabras vívidas y de acción.

—¡Por favor, Papá! —suplicó Joan. El refugio de animales había colocado un puesto especial en el centro comercial. Joan realmente quería el pequeño gatito anaranjado que tenía en brazos.

—Antes debemos hablar con tu mamá —dijo su papá.

—Pero no quiero dejarlo —sollozó Joan.

Desarrollo
Muestra de qué manera los personajes enfrentan el problema.

Su papá preguntó en el refugio si podían guardarle el gatito por un día. El empleado le explicó que eso no era posible. Desilusionada, Joan hacía pucheros de vuelta a casa.

Esa noche, la mamá de Joan le dijo que tener un gatito implica mucho trabajo. Joan iba a tener que peinarlo, alimentarlo y limpiar lo que el gatito ensuciara todos los días. Joan aceptó hacer todo eso entusiasmada, y sus padres finalmente dijeron que sí.

Clímax
Es la parte más emocionante del cuento.

Otras palabras de transición
Al comienzo
Más temprano
Ayer
La semana pasada
El mes pasado
El año pasado
Después de eso
Luego
Finalmente

Final
Cuenta cómo se resolvió el problema.

Al día siguiente, la familia fue al centro comercial. Joan entró corriendo. El gatito estaba allí, mirando a Joan. ¡Ya se estaban haciendo amigos!

Nombre _____

Sigue las instrucciones de tu maestro para completar la actividad.

1 —¡Por favor, Mamá! — _____

_____.

_____

_____. _____

_____

_____. Esa noche, _____

_____.

Al día siguiente, _____

_____.

Después, _____

_____

_____. Luego, _____

_____

_____. Después de eso, _____

_____

_____.

2 En una hoja aparte, escribe una ficción narrativa sobre un personaje que pierde algo importante.

3 En una hoja aparte, usa tu plan de preparación para la escritura para escribir una ficción narrativa, o planifica y escribe una nueva narrativa de ficción sobre un personaje que no está de acuerdo con su mejor amigo.

Informe periodístico

Un **informe periodístico** trata sobre un suceso real que ocurrió recientemente.

Partes de un informe periodístico

- Un titular, o título, con palabras atractivas para atraer la atención del lector
- Un párrafo inicial que presenta la información más importante de manera interesante
- Un desarrollo que da información verdadera sobre el suceso y responde las preguntas *quién, qué, cuándo, dónde, por qué* y *cómo*
- Si es posible, una cita de un participante o un testigo

Titular
Atrae la atención del lector.

Párrafo inicial interesante

Desarrollo
Da información sobre el suceso.

Cita
Son las palabras textuales que dijeron las personas que presenciaron el suceso.

Estudiante de St. Petersburg gana premio de ciencias

por Marsha Sanders, 12 de marzo de 2013

Tampa: Wesley Jackson, un estudiante de cuarto grado de St. Petersburg, ganó el premio Curie de ciencias. Su participación fue con un simple robot que tomaba y movía libros y otros objetos.

El premio se otorga todos los años a un estudiante que participa en la Feria Estatal Escolar de Ciencias. Jackson fue uno de los 54 estudiantes que concursaron.

"Estábamos emocionados por su trabajo", dijo Thomas Garret, un maestro que fue jurado en la feria.

"Estoy muy feliz de que mi arduo trabajo rindiera frutos", dijo Jackson. Planea usar el dinero del premio para construir otro robot.

Preguntas
Quién
Qué
Cuándo
Dónde
Por qué
Cómo

Sigue las instrucciones de tu maestro para completar la actividad.

1

Escuela local gana premio por cuidar el medioambiente

El gobernador de la Florida otorgó un premio a la escuela primaria Jefferson, de Gainsville, por cuidar el medioambiente.

_____

_____

_____

_____

_____

Un estudiante dijo: "_____

_____".

_____

_____

_____

_____

_____

_____

_____

2 En una hoja aparte, planifica y escribe un informe periodístico sobre una obra de teatro escolar o un evento deportivo al que hayas asistido.

3 En una hoja aparte, planifica y escribe un informe periodístico sobre un suceso que haya ocurrido en tu ciudad.

Párrafo informativo

Un **párrafo informativo** explica un tema, da instrucciones o indica al lector cómo hacer algo. Incluye datos, ejemplos, definiciones y otros detalles.

Partes de un párrafo informativo

- Una oración temática que presenta la idea principal
- Detalles de apoyo que desarrollan la idea principal
- Uso de palabras precisas
- Un final que resume la idea principal

Oración temática
Presenta la idea principal.

Detalles de apoyo
Brindan datos, ejemplos y otra información.

Palabras precisas
Se usan palabras y frases que transmitan ideas con claridad.

Final
Resume la idea principal.

Jugar con aros es una vieja costumbre. Hace mucho tiempo, los niños de Europa, América, África y Asia jugaban con aros. **Por ejemplo,** cerca del año 1,000 a. C., los niños egipcios hacían rodar aros grandes hechos de vides secas. Luego, los antiguos griegos hacían rodar aros de metal con un palito corto. Decoraban sus aros con campanitas. Los antiguos romanos y los indígenas norteamericanos usaban los aros como blancos. Les arrojaban lanzas mientras el aro rodaba. En otras culturas, los niños hacían carreras de aros. A veces, los equipos hacían competencias de aros. El jugador que derribaba más aros ganaba. **Además,** los niños jugaban entretenidos juegos de destreza. Hacían puertas colocando dos ladrillos o rocas separados por algunas pulgadas. Luego, intentaban pasar sus aros por entre la angosta puerta sin tocar los costados. Este tipo de juegos han hecho que jugar con aros sea una actividad popular en todo el mundo por miles de años.

Otras palabras de transición
Aparte de eso
Además de eso
También
De ese modo
Así
Asimismo
Otro
Más aún
Sin embargo

Nombre _____

Sigue las instrucciones de tu maestro para completar la actividad.

1 _____.

_____

Por ejemplo, _____

_____.

_____

_____.

_____.

_____

_____ tal como _____

_____

_____. Aparte de eso, _____

_____

_____

_____. Además, _____

_____.

_____

_____.

2 En una hoja aparte, escribe un párrafo informativo sobre tu comida favorita.

3 En una hoja aparte, usa tu plan de preparación para la escritura para escribir un párrafo informativo, o haz un nuevo plan para escribir sobre un monumento famoso.

Reseña de un libro

La **reseña de un libro** es un resumen del tema de un libro, dónde ocurren los sucesos y qué sucede. Ayuda a los lectores a comprender de qué trata un libro en particular.

Partes de la reseña de un libro

- Una introducción que enuncia con claridad la idea principal
- Un desarrollo que trata sobre las partes más importantes del libro
- Una conclusión que resume el libro

Introducción
Indica el título, el autor y el tipo de libro.

El libro *El pincel de Charlie* es un cuento de ficción escrito por Beth Cody. El libro trata sobre una talentosa artista llamada Lily. El sueño de Lily es ir a la escuela de arte.

Desarrollo
Habla sobre los personajes principales, el escenario y los sucesos.

Todos los días, Lily toma el tren a Brooklyn, Nueva York. Lily pinta en un pequeño estudio. Una tarde, la visita un gato extraviado con una cola esponjosa. Lily lo llama Charlie. **Después** de la cuarta visita de Charlie, Lily encuentra una raya morada en el medio de su cuadro nuevo. **Después,** encuentra una mancha de pintura roja en la parte de abajo. ¿Quién arruinó su cuadro? Lily no tenía idea, así que puso una trampa para averiguarlo. **Finalmente,** se da cuenta de que Charlie cree que él también es un artista.

Conclusión
Repite el título y el autor del libro.

Luego, Lily presenta su cuadro en un concurso de arte. Al jurado le gusta la manera atrevida en que Lily usa el pincel. Lily (y Charlie) ganan el primer premio. Lee *El pincel de Charlie,* escrito por Beth Cody, para descubrir qué hace Lily con el dinero del premio.

Otras palabras de transición
Primero
Ahora
Después de eso
Durante
Después de un rato
Mientras tanto
Entonces
Por último

Nombre _____

Sigue las instrucciones de tu maestro para completar la actividad.

Juntos
1   _____.

_____. Al principio,

_____

_____. Luego, _____

_____

_____

_____. Después, _____

_____.

_____

_____

_____

_____. Después de eso, _____

_____

_____. Finalmente, _____

_____

_____

_____.

Tú
2 En una hoja aparte, escribe la reseña de un libro de ficción
que hayas leído recientemente.

Tú
3 En una hoja aparte, usa tu plan de preparación para la
escritura para escribir la reseña de un libro, o haz un nuevo
plan para escribir acerca de un libro que trate sobre una
persona real de la historia.

Ensayo explicativo: Preparación para la escritura

Un **ensayo explicativo** indica qué es una cosa, o por qué o cómo sucede algo. Informa al lector sobre un tema.

Preparación para la escritura

- Primero, haz una lluvia de ideas de los temas que quisieras explicar. Elige un tema.
- Reúne datos y detalles sobre tu tema. Busca palabras precisas que hagan que tu explicación sea clara.
- Usa un organizador gráfico como el siguiente mapa de apoyo de ideas para planificar tu ensayo.

Tema: El Día del Niño en Japón

Idea principal: El Día del Niño en Japón es un día festivo.

Datos y ejemplos: Se celebra el 5 de mayo.

Se convirtió en feriado nacional en 1948.

Celebra la salud y la felicidad de los niños.

Idea principal: Las familias japonesas decoran sus casas para el Día del Niño.

Datos y ejemplos: Se exhiben muñecos de guerreros.

Vuelan serpentinas de carpas.

Se cuelgan flores de lis o se esparcen hojas de lis en la bañera.

Idea principal: El Día del Niño se comen platos especiales.

Datos y ejemplos: Tartas de arroz envueltas en bambú

Tartas de arroz rellenas de frijoles, envueltas en hojas de roble

Sigue las instrucciones de tu maestro para completar la actividad.

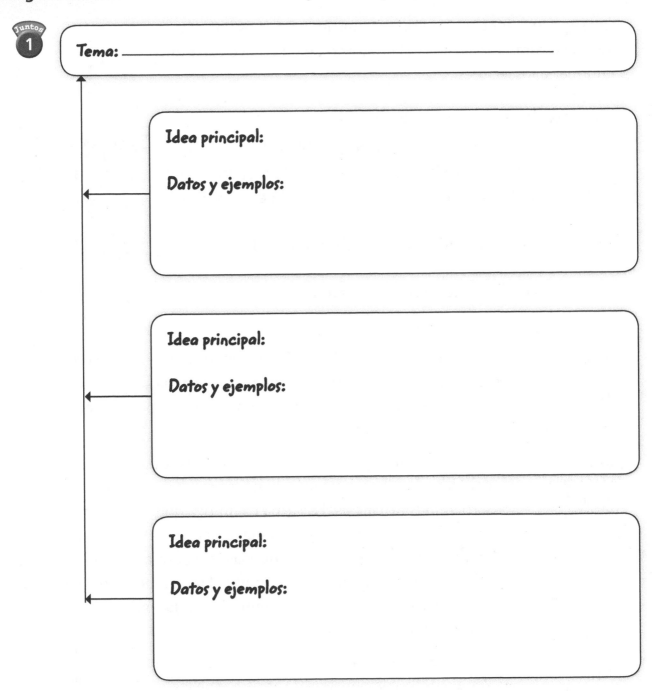

1 Tema: _____

Idea principal:

Datos y ejemplos:

Idea principal:

Datos y ejemplos:

Idea principal:

Datos y ejemplos:

2 En una hoja aparte, completa un organizador gráfico como el de arriba. Escribe tu tema y agrega datos y ejemplos que lo apoyen.

3 En una hoja aparte, haz un plan de preparación para la escritura para escribir un ensayo explicativo. También puedes usar lo que has aprendido para mejorar un plan anterior.

Ensayo explicativo

Un **ensayo explicativo** explica un tema. Indica qué es una cosa, o por qué o cómo sucede algo. El propósito de un ensayo explicativo es informar a los lectores.

Partes de un ensayo explicativo

- Una introducción interesante que habla sobre el tema
- Párrafos de desarrollo que tratan sobre la idea principal
- Uso de palabras precisas que hacen que la explicación sea clara
- Datos y ejemplos que apoyan las ideas principales del tema
- Una conclusión que cierra el ensayo

Introducción
Indica el tema del ensayo.

¿Conoces algún día especial para los niños? El Día del Niño se celebra en Japón el 5 de mayo. Ese día se celebra la salud y la felicidad de los niños. En Japón, se convirtió en feriado nacional en 1948.

Párrafos de desarrollo
Cada uno trata sobre la idea principal.

Las familias japonesas decoran sus casas para el Día del Niño. Exhiben muñecos de guerreros y vuelan serpentinas de carpas. La carpa es un pez que vive mucho tiempo. La carpa negra representa al padre. La carpa roja representa a la madre. Las pequeñas serpentinas de carpas representan a cada niño de la familia. Hay quienes cuelgan flores de lis sobre la puerta de entrada. En Japón, estas flores significan fuerza.

Datos y ejemplos
Desarrollan una comprensión clara del tema.

La gente **también** come platos especiales. **Por ejemplo,** comen tartas de arroz envueltas en bambú. Comen tartas de arroz rellenas de frijoles, envueltas en hojas de roble.

Conclusión
Cierra el ensayo.

Además, hay otras costumbres para el Día del Niño. Pero, sin importar las tradiciones que se sigan, el deseo es siempre el mismo: que los niños sean fuertes y tengan éxito.

Otras palabras de transición
Del mismo modo
Otro
A fin de
En otras palabras
En particular
Así
A saber
Tal como

Nombre _____

Sigue las instrucciones de tu maestro para completar la actividad.

Juntos 1

_____

_____.

_____. Además, _____

_____.

_____

_____

_____. Por ejemplo, _____

_____.

_____

_____ también _____

_____

_____.

_____. Del mismo modo, _____

_____

_____

_____.

Tú 2 En una hoja aparte, escribe un ensayo explicativo sobre un día festivo que te guste.

Tú 3 En una hoja aparte, usa tu plan de preparación para la escritura para escribir un ensayo explicativo, o haz un nuevo plan para explicar qué es algo, o cómo o por qué sucede algo.

Párrafo persuasivo

Un **párrafo persuasivo** intenta convencer a los lectores de que actúen o piensen de una determinada manera. Habla sobre lo que piensa el escritor acerca de un tema o asunto.

Partes de un párrafo persuasivo

- Una oración temática que indica la opinión del escritor
- Datos, razones y ejemplos que apoyan la opinión del escritor
- Razones organizadas según su importancia
- Palabras y frases persuasivas para convencer al lector

Oración temática
Indica lo que piensas sobre un tema.

Detalles de apoyo
Incluye datos, razones y ejemplos convincentes.

Organización
Presenta las razones más importantes al comienzo o al final.

Lenguaje persuasivo
Se usan palabras como *populares* o *maravillosa* para convencer al lector.

Un conejo es una buena mascota. **Antes que nada,** los conejos son limpios. Pasan mucho tiempo acicalando su pelaje y podemos enseñarles a usar cajas para hacer sus necesidades, como los gatos. **En segundo lugar,** los conejos son juguetones. Juegan con juguetes como los perros y los gatos, y correrán o saltarán por la casa como ejercicio. **En tercer lugar,** los conejos hacen muy poco ruido. A diferencia de los perros, los conejos no ladran. Solo gruñen en silencio o golpean el suelo con sus patas cuando están molestos. **Además,** a los conejos les gusta estar con las personas. Para mostrar sus afectos, te lamerán o mordisquearán. **Y ante todo,** los conejos son inteligentes y podemos entrenarlos para que hagan trucos, obedezcan órdenes simples y se acerquen cuando los llamamos. Los conejos como mascotas ahora son más populares que nunca. En 2007, había más de 6 millones de conejos como mascotas en los Estados Unidos. ¿Piensas en tener una mascota? Tener un conejo como mascota es una experiencia maravillosa.

Otras palabras de transición
Por sobre todo
Luego
Por último
Principalmente
También
Lo más importante
Lo menos importante

Nombre _____

Sigue las instrucciones de tu maestro para completar la actividad.

1 Creo que _____

_____ .

En primer lugar, _____

_____

_____ .

_____ . En segundo lugar, _____

_____ .

En tercer lugar, _____

_____

_____ .

_____ . Además, _____

_____

_____

_____ . Pero principalmente, _____

_____

_____ .

2 En una hoja aparte, escribe un párrafo persuasivo sobre un tema de tu comunidad que sea importante para ti.

3 En una hoja aparte, usa tu plan de preparación para la escritura para escribir un párrafo persuasivo, o haz un nuevo plan para escribir sobre un cambio que creas deba producirse en tu escuela.

Composición de problema y solución

Una **composición de problema y solución** presenta un problema y las maneras de resolverlo.

Partes de una composición de problema y solución

- Una introducción que presenta el problema
- Un desarrollo que ofrece razones posibles y ejemplos
- Lenguaje para persuadir al público
- Una conclusión que da la mejor solución

Introducción
Presenta el problema.

Nosotros los estudiantes no tenemos tiempo para almorzar aunque tengamos una hora completa. Debería ser tiempo suficiente, ¡pero nunca lo es! Las filas para el almuerzo son tan largas que muchas veces nos demoramos hasta treinta minutos para llegar. Luego, tenemos que devorar nuestra comida y salir corriendo a clase. ¡Algo tiene que cambiar!

Soluciones
Sugiere ideas para solucionar el problema.

Una manera de mejorar las cosas podría ser ir a almorzar en tandas. Primero iría una clase. Luego, quince minutos después, iría la siguiente clase, y así sucesivamente. Las filas serían más cortas y tendríamos más tiempo para comer y menos tiempo de espera. **Una segunda** manera podría ser contratar una cajera más y agregar otra fila. Con dos filas con cajeras, podríamos sentarnos a comer más rápido.

Razones y ejemplos
Indican cómo funcionan las soluciones.

Otras palabras de transición
A continuación
Porque
Como resultado
Finalmente
Además
Por ejemplo
A fin de

Conclusión
Identifica la mejor solución y da razones por las que es la mejor.

Evidentemente, **la mejor solución** sería ir a almorzar en tandas. No se necesitarían más empleados y no habría necesidad de comprar otra máquina registradora. La escuela solo tendría que dividir el horario. De esta manera, ¡podríamos sacarle mejor provecho a nuestra hora de almuerzo!

Nombre _____

Sigue las instrucciones de tu maestro para completar la actividad.

Juntos
1   Un problema que tenemos en la escuela es _____

_____.

_____

_____. Una manera _____

_____   _____

_____

_____. Una segunda manera _____

_____.

_____

_____.

   La mejor solución _____

_____

_____

_____.

Tú
2   En una hoja aparte, planifica y escribe una composición de problema y solución sobre un problema con la biblioteca de tu escuela, el salón de música o el gimnasio de tu escuela. Sugiere al menos una solución posible.

Tú
3   En una hoja aparte, usa tu plan de preparación para la escritura para escribir una composición de problema y solución, o haz un nuevo plan para escribir una composición sobre un problema que haya en tu comunidad.

Carta persuasiva

Una **carta persuasiva** es una carta que se escribe para convencer al lector de que haga algo específico.

Partes de una carta persuasiva

- Un comienzo que indica el propósito de la carta
- Datos, razones y ejemplos que apoyan los puntos principales de la carta
- Un tono amistoso y sincero
- Las seis partes de la carta: dirección del remitente, fecha, dirección del destinatario, desarrollo, cierre y firma

110 Fair Street
Brooksville, FL 34601
15 de diciembre de 2012

Alcande Jackson Murphy
206 Front Street
Brooksville, FL 34601

Estimado alcalde Murphy:

Comienzo
Pide al lector que haga algo.

Construir el parque de patinaje de Brooksville fue una gran idea. **Sin embargo,** el parque está ahora descuidado y la ciudad debe arreglarlo. **Por ejemplo,** las puertas principales están torcidas. **Además,** en algunas de las rampas hay clavos

Datos
Brindan hechos, razones y ejemplos específicos.

oxidados que sobresalen. **Adicionalmente,** las tormentas han provocado grandes grietas en la pista de patinaje. Como patinador frecuente, creo que el parque es peligroso. Los patinadores pueden perder el control y caerse de sus tablas. **Por esta razón,**

Tono
Suena honesto y positivo.

le pido que cierre temporalmente el parque para repararlo y ayude a que nuestros niños estén más seguros.

Otras palabras de transición
Porque
Por otro lado
A pesar de todo
Del mismo modo
Para
Sin embargo
De hecho
Por lo tanto

Atentamente,

Matt Lucci

Nombre _____

Sigue las instrucciones de tu maestro para completar la actividad.

Juntos 1

_____

_____

_____

_____

_____

_____

Estimado _____,

_____ porque _____

_____.

Por ejemplo, _____

_____. Además, _____

_____. Por último, _____

_____.

Por esta razón, _____

_____.

Atentamente,

_____

Tú 2 En una hoja aparte, escribe una carta persuasiva al editor de tu periódico local. Debe tratar sobre una situación muy importante para ti.

Tú 3 En una hoja aparte, usa tu plan de preparación para la escritura para escribir una carta persuasiva, o haz un nuevo plan para escribir una carta persuasiva en la que hagas un pedido específico.

Ensayo persuasivo: Preparación para la escritura

En un **ensayo persuasivo,** el escritor intenta convencer a los lectores de que hagan algo o piensen de cierta manera.

Preparación para la escritura

- Primero, haz una lluvia de ideas de temas que son importantes para ti. Elige uno sobre el que tengas una opinión firme.
- Luego toma notas sobre tu tema. Busca razones, datos y ejemplos que apoyen tu opinión.
- Usa un organizador gráfico para planificar un ensayo persuasivo.

Objetivo: _Nuestra escuela necesita una granja de lombrices._

Razón: Ayudará a reducir la basura.

Datos y ejemplos:
Dos libras de lombrices pueden comer una libra completa de frutas, vegetales y otros residuos. La escuela enviará menos basura al basurero municipal.

Razón: Las lombrices producen abono.

Datos y ejemplos:
El abono es un alimento natural para las plantas. Podríamos vender el abono que sobre para obtener dinero para los proyectos de la escuela.

Nombre _____

Sigue las instrucciones de tu maestro para completar la actividad.

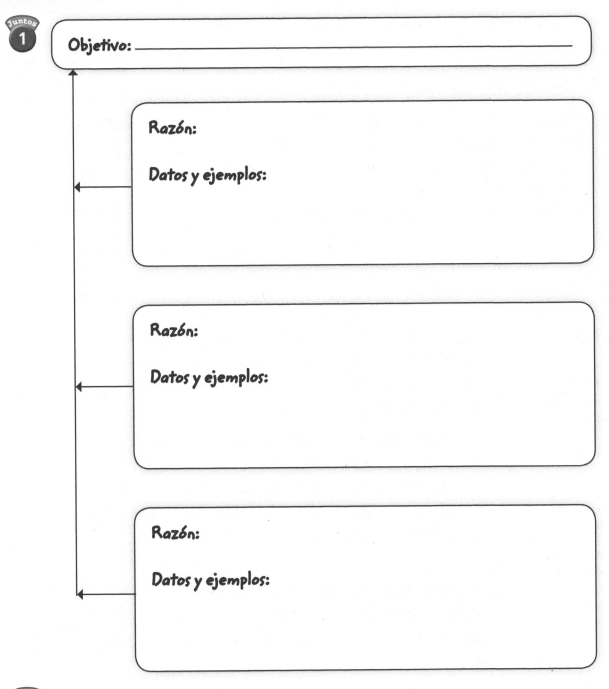

Juntos 1 Objetivo: _____

Razón:

Datos y ejemplos:

Razón:

Datos y ejemplos:

Razón:

Datos y ejemplos:

Tú 2 En una hoja aparte, llena un organizador gráfico como el de arriba. Escribe tu opinión. Luego, haz una lista de razones, datos y ejemplos que la apoyen.

Tú 3 En una hoja aparte, haz un plan de preparación para la escritura para escribir un ensayo persuasivo. También puedes usar lo que has aprendido para mejorar un plan anterior.

Ensayo persuasivo

Un **ensayo persuasivo** intenta convencer a los lectores de que hagan algo o piensen de cierta manera.

Partes de un ensayo persuasivo

- Un comienzo que atrae el interés del lector
- Un enunciado claro de la opinión del escritor
- Razones, datos y ejemplos que apoyan la opinión del escritor
- Un final que indica al lector qué debe hacer

Comienzo
Hace que los lectores quieran saber más.

Opinión
Enuncia lo que el escritor cree.

Quizás creas que las lombrices son asquerosas, pero son una de las máquinas recicladoras más asombrosas de la naturaleza. Por eso creo que nuestra escuela necesita una granja de lombrices.

Primero, una granja de lombrices nos podría ayudar a reducir la cantidad de basura que la escuela envía al basurero municipal. Dos libras de lombrices pueden comer una libra completa de frutas, vegetales u otros residuos por día. ¡Piensa en cuánta menos basura habrá!

Razones, datos y ejemplos
Apoyan la opinión del escritor.

Además, las lombrices producen abono. El abono es un alimento natural para las plantas. Podríamos vender el abono que sobre y obtener dinero para los proyectos de la escuela.

Otras palabras de transición
Antes que nada
Segundo
A continuación
Finalmente
Como resultado
Por otro lado

Por último, una granja de lombrices escolar es una idea ganadora. Ven el lunes a la reunión y vota SÍ a la granja de lombrices.

Final
Indica al lector qué debe hacer.

Nombre _____

Sigue las instrucciones de tu maestro para completar la actividad.

1 Para ayudar al medioambiente, nuestra escuela _____

_____

_____ .

Primero, _____

_____ .

_____

_____ .

_____

_____ .

Además, _____

_____

_____

_____ .

Al final, _____

_____ .

2 En una hoja aparte, escribe un ensayo persuasivo sobre algo que la gente de tu ciudad debería hacer.

3 En una hoja aparte, usa tu plan de preparación para la escritura para escribir un ensayo persuasivo, o planifica y escribe un ensayo persuasivo sobre algo que es importante para ti.

Párrafo descriptivo

Un **párrafo descriptivo** describe, o habla sobre, una persona, un lugar, una cosa o un suceso. Un párrafo descriptivo ayuda a crear una imagen en la mente del lector.

Partes de un párrafo descriptivo

- Una oración temática que indica cuál es el tema del párrafo
- Detalles vívidos que describen con claridad a una persona, un lugar, una cosa o un suceso
- Palabras atractivas que ayudan al lector a imaginarse lo que se está describiendo
- Un final que cierra la descripción

Oración temática
Indica de qué trata el párrafo.

Detalles sensoriales
Indican cómo es, se siente al tacto, se oye, huele o sabe aquello de lo que se habla.

Palabras exactas
Incluyen sustantivos, verbos y adjetivos específicos.

Final
Resume el párrafo.

¡El parque Bailey es un gran lugar para visitar! La tienda que está al lado del estacionamiento vende helados deliciosos, bebidas frías, palomitas de maíz y otros bocadillos. **Cerca** de la entrada, niños bulliciosos juegan en toboganes metálicos resbaladizos, trepan escaleras y juegan en columpios de plástico azul. Los niños más grandes corren por el campo de césped para jugar fútbol que está **detrás** de los columpios. También usan las canchas de baloncesto y tenis, que están iluminadas. Hay un área pequeña de picnic **en el medio** del parque. Puedes almorzar **debajo** de los altos pinos. Las agujas verdes y largas de los pinos que están en el suelo de las mesas de picnic se sienten tan suaves como una alfombra. A mi papá y a mí nos gusta caminar por los **alrededores** del pantano. Es un camino serpenteante de tierra que está marcado con triángulos amarillos brillantes para no perderse. A veces, oigo el croar de las ranas en los bejucos. Papá busca aves interesantes con sus binoculares. El parque Bailey tiene algo para personas de todas las edades.

Otras palabras de transición
Sobre
A lo largo
Debajo
Al lado
Dentro
Afuera
En la parte inferior
Más allá

Nombre _____

Sigue las instrucciones de tu maestro para completar la actividad.

1 Un lugar que conozco bien es _____

_____.

Cerca de _____

_____.

Al lado de _____

_____

_____. Detrás de _____

_____.

Debajo de _____

_____

_____

_____ en el medio _____

_____

_____. Sobre _____

_____. _____

_____.

2 En una hoja aparte, escribe un párrafo descriptivo sobre una persona que conoces bien.

3 En una hoja aparte, usa tu plan de preparación para la escritura para escribir un párrafo descriptivo, o haz un nuevo plan para escribir sobre un objeto familiar que tienes en tu cuarto.

Carta amistosa

Una **carta amistosa** se escribe a alguien que el escritor conoce bien. Incluye lenguaje informal y cotidiano.

Partes de una carta amistosa

- La dirección del escritor y la fecha
- Un saludo a la persona que recibirá la carta
- Un desarrollo que conforma la parte principal de la carta
- Detalles interesantes sobre el tema
- Una voz informal y amistosa
- Una despedida y la firma del escritor

Saludo
Indica para quién es la carta.

Desarrollo
Es la parte principal de la carta.

Voz amistosa
Suena como la persona que habla.

Detalles interesantes
Mantienen interesado al lector.

Despedida y firma

27 Palmeto Road
St. Petersburg, FL 33784
12 de marzo de 2013

Querida tía Camille:

    ¿Te contó Mamá la gran noticia? ¡Me eligieron como protagonista de la obra de teatro de la clase! La primera vez que vi los volantes, sabía que quería ir al ensayo. ¡Estaba muy nerviosa durante el ensayo! Había un montón de otras niñas que también querían el papel. Primero, nos paramos frente a la clase y leímos algunas líneas. También nos turnamos para cantar. Al día siguiente, ¡mi maestro anunció que yo tenía el papel! Estaba muy emocionada. Me gusta ser actriz. ¿Vendrás a la obra de teatro? Me gustaría verte.

                Tu sobrina,
                Jenny

Despedidas
Tu amigo
Atentamente
Mis mejores deseos
Con cariño

Nombre _____

Sigue las instrucciones de tu maestro para completar la actividad.

1 (Juntos)

_____

_____

_____

Querido _____ :

¿Oíste las noticias? ¡Ganamos el partido de fútbol la semana pasada! _____

_____

_____

_____

_____

_____

_____

_____

_____

Con cariño,

_____

2 (Tú) En una hoja aparte, planifica y escribe una carta amistosa a un amigo o a un miembro de tu familia sobre algo inusual que haya sucedido en la escuela.

3 (Tú) En una hoja aparte, usa tu plan de preparación para la escritura para escribir una carta amistosa, o planifica y escribe una carta a un amigo sobre algo divertido que hayas hecho con tu familia.

Cuento

Un **cuento** describe una experiencia o suceso real o imaginario. Un cuento de ficción es imaginario, o inventado por el escritor.

✏ Partes de un cuento

- Un comienzo que atrae la atención del lector
- Sucesos contados en orden cronológico, o secuencia
- Uso de sinónimos, o palabras con el mismo significado o uno muy parecido, para que el cuento sea interesante
- Un final que indica cómo terminó el cuento

Comienzo
Comienza con una introducción interesante.

Sucesos
Indican qué sucedió en orden cronológico.

Tum. A Juan se le cayó el pesado micrófono que produjo un sonido estridente al caer al piso. **Luego,** esperó incómodo hasta que la música comenzara, pero el oscuro auditorio estaba en silencio. Juan tosía y miraba hacia el techo. **Después** de unos largos minutos, los jueces le dijeron a Juan que podía comenzar, sin música.

Al final, Juan intentó cantar sin música, pero su garganta estaba cerrada porque estaba muy nervioso. Sonaba afónico, como si estuviera resfriado. **Cuando** Juan terminó, salió del escenario dando pisotones y mirando aturdido a los demás cantantes. Había desperdiciado su oportunidad de ganar.

Sinónimos
Evitan que en el cuento se usen las mismas palabras con frecuencia.

Lisa se sentía apenada por el desastre de Juan y le contó sobre su peor fracaso.

—Las desilusiones ocurren, pero aprenderás a manejarlas. ¿Quieres que ensayemos juntos para el concurso del mes que viene? —le preguntó.

Final
Cierra el cuento.

Juan y Lisa practicaron todos los días **hasta** la siguiente competencia. Al final, ganaron el primer premio.

Otras palabras de transición
Primero
A continuación
Después de eso
Durante
Después de un rato
Mientras tanto
Más tarde
Por último

Nombre _____

Sigue las instrucciones de tu maestro para completar la actividad.

Juntos 1

_____

_____.

Al principio, _____

_____. Luego, _____

_____

_____

_____. Después, _____

_____.

_____

_____.

_____

_____

_____. Después de eso, _____

_____

_____. Al final, _____

_____.

_____.

Tú 2 En una hoja aparte, escribe un cuento sobre alguien que hace un nuevo amigo.

Tú 3 En una hoja aparte, usa tu plan de preparación para la escritura para escribir un cuento, o haz un nuevo plan para escribir sobre una persona que gana algo.

Narrativa personal: Preparación para la escritura

Una **narrativa personal** cuenta sobre algo que le sucedió al escritor y describe lo que el escritor piensa sobre el suceso.

Preparación para la escritura

- Haz una lluvia de ideas de historias que te hayan sucedido.
- Elige una historia que te haya marcado.
- Usa un organizador gráfico para planificar lo que vas a escribir.

Lluvia de ideas de temas

(Llevar alimentos al banco de alimentos)

Construir un comedero para colibríes

Montar a caballo en la granja Windy

Suceso: Mi clase quería llevar comida al banco de alimentos.

Detalles: Mi tío es chef. Se ofreció a darnos clases de cocina en su restaurante.

Suceso: La clase se reunió en el restaurante de mi tío.

Detalles: Desempacamos nuestros utensilios de cocina. Mi tío nos enseñó a preparar distintos platos. Mi grupo hizo una tarta de calabaza.

Suceso: Llevamos la comida al banco de alimentos.

Detalles: La señorita Chao, la jefa del banco de alimentos, nos agradeció. Dijo que iba a ser la mejor comida del Día de Acción de Gracias para mucha gente. Todos nos aplaudieron. Me sentí de maravilla.

Nombre _____

Sigue las instrucciones de tu maestro para completar la actividad.

Suceso:

Detalles:

Suceso:

Detalles:

Suceso:

Detalles:

En una hoja aparte, llena un organizador gráfico como el de arriba. Escribe tus ideas para una narrativa personal sobre algo que hayas hecho para ayudar a los demás.

En una hoja aparte, haz un plan de preparación para la escritura para escribir una narrativa personal. También puedes usar lo que has aprendido para mejorar un plan anterior.

Narrativa personal

Una **narrativa personal** es una historia real sobre algo que le sucedió al escritor. Indica qué piensa el escritor sobre los sucesos.

Partes de una narrativa personal

- Un comienzo que atrae el interés de los lectores
- Sucesos que le ocurrieron al escritor, contados en orden cronológico
- Detalles interesantes sobre los sucesos
- Los sentimientos del escritor sobre lo que sucedió

Comienzo
Hace que los lectores quieran saber más.

¿Alguna vez quisiste ser chef? Toda mi clase pudo serlo por un día. Queríamos donar comida al banco de alimentos. Mi tío es chef y se ofreció a darnos clases de cocina en su restaurante.

Sucesos
Indican qué sucedió en un orden cronológico.

Para comenzar, la clase se reunió en el restaurante y desempacó los utensilios de cocina. **Luego,** mi tío nos enseño a preparar distintos platos. Mi grupo hizo una tarta de calabaza. Trabajamos mucho, pero valió la pena.

Detalles interesantes
Incluyen imágenes, sonidos y sentimientos.

Por último, empacamos la comida y la llevamos al banco de alimentos. La jefa del banco de alimentos, la señorita Chao, nos estaba esperando.

—Esta será la mejor comida del Día de Acción de Gracias para mucha gente. ¡Gracias! —dijo.

Final
Indica cómo se sintió el escritor.

Al final, todos nos aplaudieron y me sentí de maravilla.

Otras palabras de transición
Primero
Segundo
Durante
Después de un rato
Mientras tanto
Después
Finalmente

Nombre _____

Sigue las instrucciones de tu maestro para completar la actividad.

1 Pasé un momento maravilloso cuando nuestra clase fue _____

_____.

Para comenzar, _____

_____.

_____. Luego, _____

_____

_____.

_____

_____.

_____

_____. Después, _____

_____

_____

_____. Al final, _____

_____.

2 En una hoja aparte, escribe una narrativa personal sobre una de las mejores cosas que hayas hecho con tu clase.

3 En una hoja aparte, usa tu plan de preparación para la escritura para escribir una narrativa personal, o haz un nuevo plan para escribir una narrativa personal sobre algo que tú o tu clase hayan hecho para ayudar a los demás.

Resumen

En un **resumen** se vuelve a contar brevemente un cuento, un artículo u otro tipo de texto. Se incluyen solo los detalles más importantes sobre los personajes y los sucesos.

Partes del resumen de un cuento

- Una oración temática que indica de qué trata el resumen
- Los detalles más importantes del cuento contados con las palabras del escritor
- Sucesos contados en el orden en que sucedieron

Oración temática
Indica de qué trata el resumen.

Detalles importantes
Cuentan las partes más importantes del cuento con las palabras del escritor.

Sucesos
Indican qué sucedió en el mismo orden que el cuento.

El cuento "Un caballo llamado Libertad" trata sobre una niña llamada Charlotte que quiere conducir diligencias. Practica hasta estar segura de poder hacerlo. El problema es que sus amigos James y Frank no quieren que conduzca. Sin embargo, dicen que puede hacerlo si pasa el examen.

El día del examen, hay una tormenta terrible, pero Charlotte mantiene la diligencia estable sobre el camino empantanado. **Cuando** llega a un puente de madera, tiene que asegurarse de que sea seguro. Entonces, ayuda a todos sus pasajeros a cruzarlo caminando. **Después,** conduce la diligencia hasta el otro lado. A mitad de camino, el puente comienza a romperse. Entonces, apura a los caballos. Justo cuando llega al otro lado, el puente se cae. Todos los pasajeros dicen que Charlotte les salvó la vida. **Al final,** ella sabe que seguramente obtendrá el trabajo.

Otras palabras de transición
Al comienzo
A continuación
Después de eso
Antes
Más tarde
En último lugar
Por último
Finalmente

Nombre _____

Sigue las instrucciones de tu maestro para completar la actividad.

1   El cuento _____ trata sobre

_____

_____.

El problema es _____

_____

_____. Cuando _____

_____

_____

_____.

Entonces, _____

_____

_____

_____.

Al final, _____

_____

_____

_____.

2   En una hoja aparte, planifica y escribe un resumen de un libro que hayas leído en clase este año.

3   En una hoja aparte, usa tu plan de preparación para la escritura para escribir un resumen, o planifica y escribe un resumen de tu libro favorito.

Explicación

Una **explicación** es un texto que explica, o indica, por qué o cómo sucede algo. El propósito de una explicación es dar información sobre un determinado tema a los lectores.

Partes de una explicación

- Un comienzo que presenta el tema
- Información organizada de manera que tiene sentido
- Datos y ejemplos que apoyan el tema
- Un final que resume los puntos más importantes

Comienzo
Indica de qué trata la explicación.

Organización
Presenta la información de manera que tiene sentido.

Datos y ejemplos
Incluyen detalles que ayudan a desarrollar la explicación.

Final
Cierra la explicación.

El puente Rainbow, en el sur de Utah, se formó hace millones de años. La lluvia y la nieve derretida corrían por la montaña Navajo. **Cuando** el agua fluyó por la montaña, creó el arroyo Bridge. Al fluir hacia el río Colorado, el arroyo pasaba por un cañón. Durante siglos, el agua desgastó las capas de roca del cañón. El agua que se precipitaba lentamente desgastó las rocas **y así** formó delgadas paredes de roca. Con el tiempo, el agua atravesó las delgadas paredes y formó una abertura. **Como resultado,** un colorido puente de piedra quedó esculpido en la roca. La parte inferior del puente es marrón rojizo. La parte superior es rosada con rayas rojas oscuras. Estos ricos colores provienen del hierro y otros minerales. Hoy, el puente Bridge puede verse sobre el arroyo Bridge. Tiene una distancia de 200 pies de un lado a otro. ¡El puente Bridge es una de las maravillas naturales del mundo!

Otras palabras de transición
Porque
De esta manera
Por lo tanto
Como consecuencia
A fin de
Dado que
Por consiguiente
Por esta razón

Nombre _____

Sigue las instrucciones de tu maestro para completar la actividad.

Juntos 1

_____

_____.

_____ porque _____

_____

_____. Dado que _____

_____

_____. Por lo tanto, _____

_____

_____ . _____

_____ así que _____

_____.

Por esta razón, _____

_____

_____. Como resultado _____

_____

_____.

Tú 2 En una hoja aparte, escribe una explicación sobre un suceso importante en la historia de tu comunidad o estado.

Tú 3 En una hoja aparte, usa tu plan de preparación para la escritura para escribir una explicación, o haz un nuevo plan para escribir sobre cómo se produce un determinado suceso del estado del tiempo, como las nubes o un arcoíris.

Composición sobre un proceso

Una **composición sobre un proceso** indica cómo hacer algo. Presenta instrucciones paso a paso sobre cómo completar un proceso.

Partes de una composición sobre un proceso

- Una oración temática que indica qué aprenderán los lectores
- Los pasos del proceso organizados en secuencia
- Palabras de transición que hacen que el orden sea claro
- Una conclusión, o final, que indica el resultado del proceso

Oración temática
Nombra el proceso.

Pasos
Indican qué hacer en secuencia.

Palabras de transición
Hacen que el orden sea claro.

Conclusión
Indica qué se obtiene al seguir los pasos.

Puedes mostrar la belleza del otoño secando hojas de colores para un proyecto de arte. **Primero,** busca hojas en el suelo. Las hojas de arce son muy lindas y excelentes para usar. **Antes** de llevar las hojas adentro, sacúdelas para quitarles el agua o cualquier insecto. **Entonces,** presiona las hojas entre dos toallas de papel para eliminar cualquier residuo de agua. **Después de esto,** coloca cada hoja entre dos hojas de papel. **Luego,** coloca tu sándwich de hojas de papel y hojas del árbol dentro de un libro grueso y pesado. Cierra el libro y coloca otro libro grande sobre él. **Unas dos semanas después,** tus hojas **finalmente** estarán secas. Puedes usar tus hojas secas como marcalibros de colores. También puedes pegar las hojas en papeles de colores y hacer una decoración artística en tus paredes. Incluso puedes unirlas y hacer una cadena de hojas para usar alrededor del cuello o la muñeca.

Otras palabras de transición
Mientras tanto
Más tarde
Al final
Segundo
Tercero

Nombre _____

Sigue las instrucciones de tu maestro para completar la actividad.

1 Prepararse para un gran examen requiere tiempo, energía y concentración.

Primero, _____.

_____. Después, _____

_____

_____

_____

Luego, _____

_____

_____

_____

_____. Después de eso, _____

_____

_____

_____

_____

Por último, _____.

2 En una hoja aparte, planifica y escribe una composición sobre un proceso para hacer tu proyecto de manualidades preferido o preparar una merienda saludable.

3 En una hoja aparte, usa tu plan de preparación para la escritura para escribir una composición sobre un proceso, o haz una nuevo plan para escribir una composición sobre un proceso de algo que haces todos los días.

Informe de investigación: Preparación para la escritura

Un **informe de investigación** tiene datos y detalles de fuentes externas para informar a los lectores sobre un tema.

Preparación para la escritura

- Primero, elige un tema para tu informe de investigación.
- Luego, investiga sobre tu tema. Escribe tus notas en tarjetas.
- Con tus notas, haz una esquema para organizar tu informe. Cada tema principal de tu esquema será un párrafo en tu informe.

Esquema

I. **Águila calva**
   A. Se la conoce como "el ave de los Estados Unidos".
   B. Aparece en fotos, monedas y banderas.

II. **Amenazas para las águilas calvas**
   A. El uso de un pesticida llamado DDT las lastima.
   B. Desaparecieron en algunas partes de los Estados Unidos.
   C. Agencia de Protección Ambiental: había solo 412 pares en los Estados Unidos en 1950.

III. **Cómo se salvó a las águilas calvas**
   A. Se incluyeron en la lista de especies en peligro de extinción en 1967.
   B. El gobierno prohibió el uso de DDT.
   C. Había cerca de 115,000 águilas en los Estados Unidos en la década de 1990.
   D. Se quitaron de la lista de especies en peligro de extinción en 2007.

Nombre _____

Sigue las instrucciones de tu maestro para completar la actividad.

1

Esquema

I. _____

   A. _____

   B. _____

   C. _____

II. _____

   A. _____

   B. _____

   C. _____

III. _____

   A. _____

   B. _____

   C. _____

2 En una hoja aparte, haz un esquema como el de arriba. Luego, resume las ideas principales y los detalles de apoyo que usarás en un informe sobre un animal que está en peligro de extinción.

3 En una hoja aparte, haz un plan de preparación para la escritura en un esquema para escribir un informe de investigación. Puedes usar lo que has aprendido para mejorar un esquema anterior.

Informe de investigación

Un **informe de investigación** da información sobre un tema.
Se usan fuentes externas para buscar datos y detalles.

Partes de un informe de investigación

- Una introducción al informe
- Datos y detalles que apoyan la idea principal
- Información de distintas fuentes, como libros, revistas e Internet
- Los nombres de las fuentes de donde se saca la información
- Una conclusión que resume los puntos principales

Introducción
Indica de qué tratará el informe.

El águila calva se llama también "el ave de los Estados Unidos". Este hermoso animal aparece en fotos, monedas y banderas. Sin embargo, no hace mucho, las águilas calvas casi desaparecen de los Estados Unidos. Tomó muchos años y trabajo salvarlas.

Idea principal

El Departamento del Interior de los Estados Unidos dice que durante muchos años las águilas calvas y sus huevos fueron afectados por el DDT, un pesticida. Por esto, las aves casi desaparecieron en algunas partes del país. Finalmente, **en 1967,** el gobierno incluyó a las águilas calvas en la lista de especies en peligro de extinción. Esto protegió a las aves de cazadores y otros enemigos. **Después,** el gobierno prohibió el DDT.

Datos
Apoyan la idea principal.

Fuentes de información
Indican dónde se encontró la información mencionada.

Estos pasos ayudaron a recuperar a estas aves. De acuerdo con la Agencia de Protección Ambiental, había 412 pares de águilas calvas en los Estados Unidos en 1950. En la década de 1990, había casi 115,000 águilas calvas en el país.

Otras palabras de transición
Primero
Después de eso
Por otro lado
Dado que
Como resultado
Al final
Según

Conclusión
Resume la idea principal.

Como a las águilas calvas les ha ido tan bien, se quitaron de la lista de especies en peligro de extinción en 2007. Hoy, su futuro parece prometedor.

Nombre _____

Sigue las instrucciones de tu maestro para completar la actividad.

1 (Introducción) _____.

_____

(Idea principal, detalles reales) _____

_____

_____

_____

_____

_____.

(Idea principal, detalles reales) _____

_____

_____

_____

_____

_____.

Como conclusión, _____

_____

_____.

2 En una hoja aparte, escribe un informe de investigación sobre un animal que está en peligro de extinción.

3 En una hoja aparte, usa tu plan de preparación para la escritura para escribir un informe de investigación, o planifica y escribe un informe sobre un reciente avance tecnológico.

Respuesta a la ficción

Una **respuesta a la ficción** es una composición que explica lo que el escritor siente y piensa sobre una obra literaria. La respuesta puede ser sobre una novela, un cuento o una obra de teatro.

Partes de una respuesta a la ficción

- Una introducción que enuncia la opinión del escritor
- Razones que explican la opinión del escritor
- Ejemplos del texto que apoyan las razones
- Una conclusión que resume las ideas

Introducción
Enuncia la opinión del escritor.

Stormalong, de Mary Pope Osborne, cuenta la historia de un gran personaje. Alfred Bulltop Stormalong, llamado Stormy, es un gigante. Es gigante por su tamaño, pero también en otros aspectos.

Oraciones secundarias
Dan las razones para la opinión.

En primer lugar, las acciones de Stormy son impresionantes. Es un gran aventurero. Va al mar, cultiva millones de papas en Kansas y luego vuelve al mar y viaja por todo el mundo.

Ejemplos
Apoyan las razones.

Además, el coraje de Stormy es tan grande como su tamaño. Por ejemplo, pelea contra un pulpo gigante y sobrevive a terribles tormentas.

Conclusión
Resume las ideas.

Stormy es un gigante muy aventurero y valeroso. **Por eso,** creo que todo el mundo disfrutaría leer sobre este personaje.

Palabras que hablan de la personalidad
considerado
tímido
gentil
honesto
leal
chistoso
sabio
astuto

Nombre _____

Sigue las instrucciones de tu maestro para completar la actividad.

1 Uno de los personajes más interesantes sobre el que he leído en un cuento es

_____.

Por ejemplo, _____

_____.

_____

_____

_____

_____. Además, _____

_____

_____

_____

_____.

Por esto, _____

_____

_____

_____.

2 En una hoja aparte, planifica y escribe una respuesta a tu cuento de hadas favorito.

3 En una hoja aparte, usa tu plan de preparación para la escritura para escribir una respuesta a la ficción, o planifica y escribe una nueva respuesta sobre un libro, un cuento o un personaje que realmente hayas disfrutado.

Entrada de diario

Una **entrada de diario** es un texto que se escribe en un diario. Una entrada de diario explora las experiencias, los pensamientos y los sentimientos del escritor. Puede incluir observaciones diarias, datos y experiencias personales importantes.

Partes de una entrada de diario

- Un comienzo que presenta el tema
- Datos sobre qué sucedió, cuándo sucedió, quién estaba involucrado y dónde estaban
- Detalles vívidos que provienen de los cinco sentidos
- Un final que indica qué aprendió el escritor o cómo terminaron los sucesos

14 de agosto de 2012

Comienzo
Indica de qué trata la entrada.

Hoy fui a la casa de mi abuela y me enseñó a hornear pan. Estaba un poco nerviosa porque mi abuela es una gran cocinera y yo nunca había hecho pan. Le pedí a Nona su receta para hacer pan porque algún día quizás voy a querer pasársela a mis hijos.

Datos
Indican quién, qué, dónde, cuándo, por qué.

Primero, Nona me dejó mezclar los ingredientes, que incluían harina, levadura, leche, aceite, agua y sal. Me enseñó a amasar presionando y golpeando la masa. **Luego,** colocamos el tazón con la masa en una ventana, donde se hinchó y duplicó su tamaño. **A continuación,** le di forma a la masa y la puse en bandejas para hornear pan. En el horno, la masa se doró. Cuando el pan estaba listo, comimos rebanadas calientes con mantequilla derretida. ¡Delicioso! Nona me dijo que hice un excelente trabajo. Me sentí orgullosa porque ahora puedo hacer pan como el que hace Nona.

Detalles sensoriales
Incluyen imágenes, sonidos, olores, sabores y sentimientos.

Final
Indica cómo terminó el suceso y cómo se sentía el escritor.

Otras palabras de transición
Porque
Después de
Durante
Ahora
Antes
Más tarde
Por último
Pronto
Más temprano

Nombre _____

Sigue las instrucciones de tu maestro para completar la actividad.

Juntos 1

_____

_____

_____.

_____

_____.

Al principio, _____

_____

_____. Luego, _____

_____

_____. A continuación, _____

_____.

Al final, _____

_____

_____

_____. Me sentí _____

_____

_____.

Tú 2 En una hoja aparte, escribe una entrada de diario sobre un momento en que te sorprendiste o te sorprendieron.

Tú 3 En una hoja aparte, usa tu plan de preparación para la escritura para escribir una entrada de diario, o haz un nuevo plan para escribir sobre un día festivo que nunca olvidarás.

Anuncio de servicio público

Un **anuncio de servicio público** es un anuncio que da información útil a la comunidad. Los anuncios de servicio público salen en radio y televisión, y en periódicos y revistas.

Partes de un anuncio de servicio público

- Una introducción que atrae la atención del público
- Datos que dan información útil sobre un tema
- Una llamada a la acción pidiendo al público que haga algo en particular
- Una conclusión que persuade al público para que sienta y actúe de cierta manera

Introducción
Atrae la atención del lector.

Comenzaron las clases en Valle Verde. ¡Sé astuto! Presta atención a las normas de seguridad en el autobús.

Datos
Cuentan sobre el tema.

¿Sabías que en el país se lesionan cerca de 17,000 estudiantes por año yendo a la escuela en autobús? Reciben atención por cortes, torceduras y moretones.

¿Qué puedes hacer para tener un viaje seguro? Estos son algunos pasos simples:

- **Primero,** usa la baranda para subir al autobús.
- Ponte el cinturón de seguridad apenas te sientes.
- **Durante** el viaje, habla en voz baja. No distraigas al conductor.
- Levántate sólo cuando el autobús se haya detenido por completo.

Llamada a la acción
Incluye cosas específicas para que el público haga.

Conclusión
Persuade al público para que participe.

Los estudiantes de Valle Verde se merecen un viaje seguro a la escuela. Asegúrate de seguir estas normas de seguridad cada vez que viajes en autobús.

Otras palabras de transición
Antes
A continuación
Hasta
Inmediatamente
Tan pronto como
Mientras tanto
Después
Al final

Nombre _____

Sigue las instrucciones de tu maestro para completar la actividad.

Juntos 1

_____

_____

.

_____

_____

• Primero, _____

_____

• Luego, _____

_____

• A continuación, _____

_____

• Por último, _____

_____

_____

_____

_____

Tú 2 En una hoja aparte, escribe un anuncio de servicio público para persuadir a la gente de tu comunidad para que limpie un parque local.

Tú 3 En una hoja aparte, usa tu plan de preparación para la escritura para escribir un anuncio de servicio público, o haz un nuevo plan para escribir un anuncio para persuadir a tus compañeros de clase para que hagan algo para que la escuela mejore de alguna manera.

Ensayo de opinión: Preparación para la escritura

Un **ensayo de opinión** indica qué piensa el escritor sobre un tema. Incluye datos y detalles que explican las opiniones del escritor.

✏ Preparación para la escritura

- Haz una lluvia de ideas de temas que sean importantes para ti. Elige uno sobre el cual tengas una opinión formada.
- Escribe las razones que apoyan tu opinión. Piensa en datos y detalles para explicar cada razón.
- Ahora usa un organizador gráfico para planificar tu ensayo de opinión.

Opinión: El invento más importante es el teléfono.

Razón: Nos ayuda a estar comunicados.

Datos y detalles:

Se usa para llamar a los amigos, la familia, la policía, los bomberos. Se usa para hacer planes, compartir noticias y pedir ayuda.

Razón: Nos ayuda a aprender.

Datos y detalles:

Navegamos en Internet. Miramos mapas o un diccionario.

Razón: Nos entretiene.

Datos y detalles:

Jugamos juegos. Miramos películas. Escuchamos música.

Nombre _____

Sigue las instrucciones de tu maestro para completar la actividad.

 1 Opinión: _____

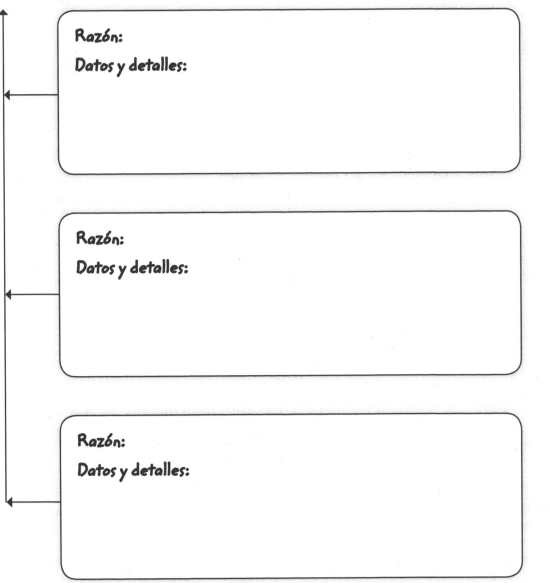

Razón:

Datos y detalles:

Razón:

Datos y detalles:

Razón:

Datos y detalles:

2 En una hoja aparte, llena un organizador gráfico como el de arriba. Escribe tu opinión y las razones que la apoyan. Explica tus razones con datos y detalles.

3 En una hoja aparte, haz un plan de preparación para la escritura para escribir un ensayo de opinión. También puedes usar lo que has aprendido para mejorar un plan anterior.

Ensayo de opinión

Un **ensayo de opinión** expresa lo que el escritor cree sobre un tema. Una opinión es un enunciado que no puede probarse verdadero.

Partes de un ensayo de opinión

- Un comienzo que presenta el tema y enuncia la opinión del escritor
- Razones sólidas que apoyan la opinión del escritor
- Hechos y detalles que explican cada razón
- Razones organizadas en un orden lógico
- Un final que resume la opinión del escritor

Comienzo
Identifica el tema y la opinión del escritor.

Alexander Graham Bell inventó el teléfono en 1876. En mi opinión, el teléfono es el invento más importante de todos.

Párrafos centrales
Presentan las razones en orden de importancia.

Una razón es que el teléfono nos ayuda a estar comunicados. **Por ejemplo,** lo usamos para llamar a nuestra familia y amigos. Lo usamos para planear y compartir noticias. Lo usamos para llamar a la policía o a los bomberos cuando necesitamos ayuda.

Otra razón es que el teléfono nos ayuda a aprender. Lo usamos para buscar información en Internet. También lo usamos para consultar mapas o un diccionario.

Hechos y detalles
Explican las razones por las que el escritor opina así.

Por último, los teléfonos nos entretienen. Lo usamos para jugar juegos. Podemos ver una película en ellos. **Incluso** podemos usarlos para escuchar música.

Final
Indica por qué tu opinión tiene sentido.

¿Puedes imaginar la vida sin un teléfono? Este invento cabe en un bolsillo, pero nos conecta con todo el mundo.

Otras palabras de transición
En este caso
A fin de
Lo más importante
Principalmente
Por otro lado
Lo más significativo
Lo menos importante
De hecho

Sigue las instrucciones de tu maestro para completar la actividad.

Juntos 1

Creo que _____

_____

_____.

Una razón es que _____

_____

_____.

En segundo lugar, _____.

_____

_____.

Por último, _____

_____

_____. Por ejemplo, _____

_____.

Como conclusión, _____.

_____

_____.

Tú 2

En una hoja aparte, escribe un ensayo de opinión sobre otro invento que consideras importante. Asegúrate de apoyar tu opinión con razones sólidas.

Tú 3

En una hoja aparte, usa tu plan de preparación para la escritura para escribir un ensayo de opinión, o haz un nuevo plan para escribir sobre una costumbre o una tradición importante para ti.

Preparación para la escritura

El **proceso de escritura** es una estrategia que te ayuda a escribir. Tiene cinco etapas: preparación para la escritura, hacer un borrador, revisar, corregir y publicar. Hacer un plan de **preparación para la escritura** es la primera etapa.

Cómo hacer un plan de preparación para la escritura

- Hacer un plan para la preparación para la escritura significa planificar antes de escribir.
- Primero, piensa en tu TPP: tarea, público y propósito.
- Haz una lluvia de ideas sobre lo que vas a escribir.
- Algunas maneras de hacer una lluvia de ideas son: hacer una lista, agrupar o revisar tu diario.
- Después de hacer la lluvia de ideas, elige la idea sobre la cual vas a escribir. Enciérrala en un círculo.
- Reúne información sobre la idea que elegiste, o tema.
- Ordena la información.

1 Decide tu TPP.

Tarea	ensayo persuasivo
Público	principal
Propósito	persuade sobre las ideas

2 Haz una lluvia de ideas en una lista.

- mercado de las pulgas
- lavadero de carros
- feria
- día de campo

3 Reúne información.

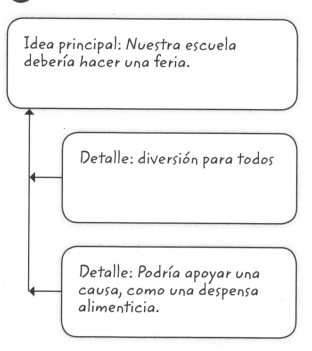

Idea principal: Nuestra escuela debería hacer una feria.

Detalle: diversión para todos

Detalle: Podría apoyar una causa, como una despensa alimenticia.

4 Organiza la información.

Tabla del cuento para las narraciones

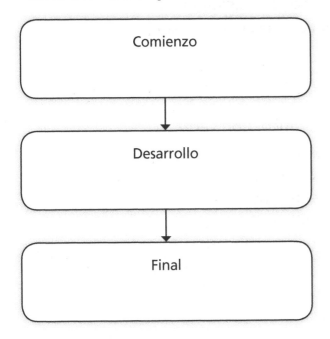

Tabla para párrafos de instrucciones

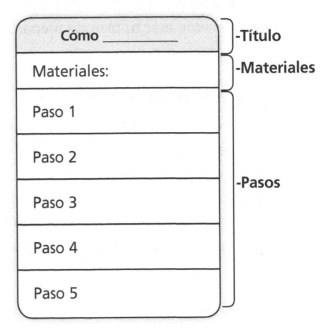

Diagrama de Venn
para comparar y contrastar

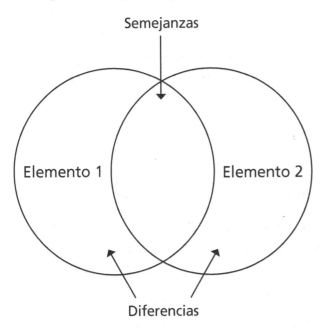

Esquema para informes

Tema
I. Idea principal
   A. Detalle
   B. Detalle
   C. Detalle
II. Idea principal
   A. Detalle
   B. Detalle
III. Conclusión

Hacer un borrador

Hacer un borrador es la segunda etapa del proceso de escritura. Al hacer un borrador, usas tu plan de preparación para la escritura para escribir el mensaje que planificaste.

Cómo hacer un borrador

- Observa nuevamente tu organizador gráfico. Convierte tus ideas en oraciones completas.
- Si necesitas, agrega detalles adicionales. Asegúrate de que todas tus oraciones traten sobre el mismo tema.
- A veces esta etapa se llama *escribir el primer borrador*.
- Puedes hacer cambios para después mejorar tu escrito.

Mapa de apoyo de ideas

> Idea principal: *Nuestra escuela debería hacer una feria.*

> Detalle: *diversión para todos*

> Detalle: *Podría apoyar una causa, como una despensa alimenticia.*

Borrador

Nuestra escuela debería hacer una feria. Parte del dinero podría destinarse a la despensa alimenticia local. Debería haber atracciones que les gusten a todos, como una noria. Vender buena comida también podría ayudar a ganar dinero. Podríamos donar dinero al refugio de animales de nuestra comunidad. Hay muchas buenas causas. La feria tendría muchas cosas para hacer. ¡Será divertido para todos!

Diagrama de Venn

Gatos
lengua áspera
pueden estar adentro
caja sanitaria
independientes

Ambos
peludos
buenas mascotas
lindos

Perros
lengua húmeda
necesita que lo saquen a pasear
pueden entrenarse
muy leales

Borrador

Los perros y los gatos son excelentes mascotas, y ambos son muy peludos y lindos. Pero también hay algunas diferencias. Los gatos pueden estar adentro todo el tiempo y usan una caja sanitaria. Los perros necesitan que los saquen a pasear. Los gatos son muy independientes. Los perros pueden entrenarse para que hagan trucos y son muy leales.

Esquema

Bosque tropical amazónico
    I. Tamaño del bosque
        A. Cubre 2.5 millones de millas cuadradas.
        B. Representa 2/3 del continente de Sudamérica.

Borrador

El bosque tropical amazónico es el bosque más grande del mundo. Cubre 2.5 millones de millas cuadradas. Eso es más grande que los Estados Unidos, sin considerar a Alaska y Hawái. El bosque tropical amazónico cubre dos tercios de todo el continente.

Revisar

La siguiente etapa del proceso de escritura es **revisar**. Cuando revisas, mejoras tu escrito para que sea más claro o más interesante. Nuevamente, no te preocupes aún por los errores de gramática y ortografía. Hazte estas preguntas mientras revisas tu borrador.

REVISAR: LAS GRANDES PREGUNTAS

- ¿Dije lo que quería decir?
- ¿Elaboré sobre el tema y usé detalles?
- ¿Organicé los datos, los sucesos y las ideas con claridad?
- ¿Escribí de manera interesante que se ajusta a mi público?

Marcas de corrección
≡ Cambiar a mayúscula
∧ Agregar
℘ Eliminar
⊙ Agregar un punto
∧ Agregar una coma
/ Cambiar a minúscula

Maneras de revisar

- Usa marcas de corrección para mostrar tus cambios.
- Combina palabras u oraciones para que las ideas fluyan suavemente.

Parte del dinero podría destinarse a apoyar buenas causas.
~~Una~~ *como* ~~parte del dinero podría destinarse a~~ la despensa alimenticia local.

Parte del dinero podría destinarse a apoyar buenas causas, como la despensa alimenticia local.

- Cambia palabras o agrega modificadores o palabras sensoriales para que las ideas sean más claras.

de la feria   muy emocionantes
Las atracciones son ~~buenas~~.

Las atracciones de la feria son muy emocionantes.

- Elimina palabras o información innecesaria.

> El dinero que ganemos podría destinarse a apoyar buenas causas.
>
> Escuché que la despensa está en riesgo de cerrar. ~~También deberíamos tener comida sabrosa.~~

- Agrega ideas o detalles para que el escrito sea más conciso.

> Borrador: La feria tendría muchas cosas para hacer. ¡Será divertido para todos!
>
> Revisión: ¿Hay mejor manera de pasar el tiempo y gastar energía? Todos trabajaremos mucho y también pasaremos un gran momento.

Así es como podría verse un borrador revisado:

> **Primer borrador**
>
> *El dinero que ganemos podría donarse a un buen número de buenas causas.* Nuestra escuela debería hacer una feria. Parte ~~del dinero~~ podría destinarse a la despensa alimenticia local. ~~Debería haber atracciones que les gusten a todos, como una noria. Vender comida~~ *Escuché que está en riesgo de cerrar.* ~~sabrosa también podría ayudar a ganar dinero.~~ Podríamos donar dinero al refugio animal de nuestra comunidad. ~~Hay muchas~~ *¿Hay mejor manera de pasar el tiempo y gastar energía?* Todos trabajaremos mucho por la ~~causas buenas. La feria tendría muchas cosas para hacer. ¡Será~~ *caridad y también pasaremos un gran momento.* ~~divertido para todos!~~

Corregir

Corregir es la cuarta etapa del proceso de escritura.

Corregir

- Busca errores de puntuación, uso de las letras mayúsculas, ortografía y gramática. Puedes usar un diccionario y un libro de gramática como ayuda.
- Asegúrate de que tus párrafos comiencen con sangría.
- Usa marcas de corrección para mostrar las correcciones en tu hoja.
- Usa el corrector de ortografía y gramática si usas una computadora. Asegúrate de volver a revisar tu trabajo para identificar los errores que el corrector de la computadora no ha encontrado.

Marcas de corrección
≡ Cambiar a mayúscula
∧ Agregar
℘ Eliminar
⊙ Agregar un punto
∧ Agregar una coma
/ Cambiar a minúscula

Borrador revisado

Estimado director Martínez:

La clave para una buena ~~fería~~ *feria* es la comida sabrosa y las atracciones ~~emosionantes.~~ *emocionantes* Esto es lo que hace que la gente venga y gaste su dinero Nuestra escuela podría alquilar una noria un tobogán gigante y quizás otras atracciones también. podríamos pagar el alquiler con el dinero ~~ganando~~ *ganado* en la feria. La comida será algo sencillo. Los estudiantes y sus padres podrían trabajar juntos para preparar comidas ~~delicioso~~ *deliciosas* para vender. Como puede ver, no creo que las atracciones y la comida sean un problema.

Atentamente,
Amanda

Publicar

La última etapa del proceso de escritura es **publicar**. Antes de publicar, puedes volver a cualquier etapa para corregir o mejorar tu escrito.

- Decide cómo quieres publicar lo que escribiste. Podrías publicar compartiendo un escrito, dando un informe oral o haciendo una presentación multimedia.
- Escribe o imprime el texto en limpio.
- Al dar una presentación, usa tarjetas de notas con las ideas principales para guiarte en tu informe oral o presentación multimedia.
- Si haces una presentación multimedia, usa una computadora para buscar fotos, tablas, grabaciones de audio o video que vayan con tu escrito.

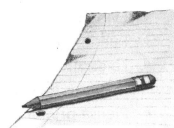

Por qué deberíamos tener una feria escolar
por Amanda Fleming

Creo que nuestra escuela debería hacer una feria. El dinero que ganemos podría donarse a un buen número de buenas causas. Parte podría destinarse a la despensa alimenticia local. Escuché que está en riesgo de cerrar. Podríamos donar dinero al refugio animal de nuestra comunidad. ¿Hay mejor manera de pasar el tiempo y gastar energía? Podríamos aprender mucho sobre planificación y presupuestos, y cooperar como escuela. Creo que todos trabajaríamos mucho por la caridad mientras pasamos un gran momento.

Ideas

Las ideas, la organización, la elección de palabras, la voz, la fluidez en las oraciones y las convenciones son las seis características de la escritura. Estas características se encuentran en todos los buenos escritos. Las **ideas** son los pensamientos que están en el centro de tu escrito.

Ideas

- Evidencia y detalles apoyan tus ideas.
- Puedes pensar en ideas haciendo una lluvia de ideas.
- La escritura libre, hacer una lista y comentar son buenas maneras de comenzar una lluvia de ideas.
- Piensa primero en por qué y para quién escribes.

Muestra de escritura libre

Quiero persuadir a mis amigos para formar un equipo de béisbol. Muy divertido, buen ejercicio. Si formamos un equipo de béisbol, podríamos jugar todas las semanas. Podríamos mejorar en los deportes y tener nuestras propias camisetas.

Consejos para la escritura libre

- Solo escribe lo que te venga a la mente.
- No te preocupes por la gramática y la puntuación.
- Revisa tu escritura libre y encierra en un círculo las ideas importantes.

Hacer una lista

Tema: Equipo de béisbol

Detalles:

-- divertido   ①

-- buen ejercicio   ②

-- jugar todas las semanas

-- mejorar en los deportes   ③

-- tener nuestras propias camisetas

Escritura narrativa

- Para un relato personal, escribe todo lo que recuerdes sobre lo que sucedió.
- Para la ficción, haz una lluvia de ideas de los personajes, la trama y el escenario.
- Posibles organizadores gráficos: mapa del cuento, tabla de 5 preguntas

¿Quién?	mi hermano Danny, Papá, yo
¿Qué?	viaje genial de campamento, tienda grande, malvaviscos
¿Cuándo?	este verano
¿Dónde?	el jardín
¿Por qué?	Se fue la electricidad en la casa así que acampamos afuera.

Escritura informativa

- Haz una lista de los detalles que ya conoces sobre un tema.
- Haz una lista de las preguntas que tienes sobre el tema.
- Investiga tu tema.
- Posibles organizadores gráficos: red semántica, tarjetas de notas, cronología

Un pulpo tiene muchas destrezas para defenderse

-- Puede cambiar de color.

-- Puede liberar tinta.

-- Puede usar elementos como conchas marinas para esconderse.

Fuente: Enciclopedia animal

Escritura persuasiva

- Escribe tu objetivo u opinión.
- Investiga datos que apoyen tu objetivo u opinión.
- Posible organizador gráfico: tabla de columnas

Feria del libro		
razón: promover la lectura	razón: recaudar dinero	razón: ¡divertirse!
detalles: muchos libros; ganar premios	detalles: vender libros; ganar dinero para la biblioteca	detalles: ayudar a los demás a encontrar libros y juegos

Organización

La **organización** es el orden en que presentas tus ideas. Cada tipo de escritura necesita un tipo de organización distinta.

Escritura narrativa

Comienzo
↓
Desarrollo
↓
Final

Escritura informativa y persuasiva

Introducción
↓
Desarrollo
↓
Conclusión

Escritura narrativa

- Orden cronológico, o secuencia: sucesos contados en el orden en que ocurrieron
- Un comienzo que atrae el interés de los lectores
- Un desarrollo con detalles interesantes sobre los sucesos
- Un final que dice cómo terminó el cuento o cómo se sentía el escritor

Comienzo

¡Julie escuchó un *tum*! Primero, creyó que lo había imaginado, ¡pero ahí estaba otra vez! Sonaba como si viniera de abajo. Salió sigilosamente de la cama y fue a la parte de arriba de las escaleras para escuchar. *¡Tum! ¡Tum!* ¡Julie estaba aterrada! Pensó que quizás alguien estaba dando

Desarrollo

pisotones en la escalera, pero sabía que sus padres y su hermanito estaban durmiendo. ¿Quién podría ser? Su corazón comenzó a latir más rápido a medida que bajaba lentamente las escaleras para ver qué sucedía. Luego, escuchó un tintineo que sonaba como la campanita de la

Final

botella de agua de su coneja. Encendió las luces y vio a la culpable: Sadie la coneja estaba sentada dentro de su jaula, golpeando con su patita. Julie estaba aliviada. ¡Misterio resuelto!

Escritura informativa

- La información se presenta en un orden lógico
- Una introducción que atrae la atención de los lectores
- Un desarrollo que presenta la información, explica las ideas o define los términos importantes
- Datos y ejemplos, a menudo de fuentes externas
- Una conclusión que resume la información

Introducción

Desarrollo

Según la persona a quien le preguntes, los conejos pueden ser de buena o mala suerte. ¿Pero qué son realmente estos animales? Bien, son mamíferos pequeños. Tienen largas orejas, largas patas traseras y colas cortas. Los conejos se asustan con facilidad y golpean el suelo con las patas traseras para ahuyentar el peligro. Estos animales son muy

Conclusión

inteligentes.

Escritura persuasiva

- Una introducción, un desarrollo y una conclusión como la escritura informativa
- Razones presentadas en un orden lógico, como de la menos importante a la más importante

Razones

¡Los conejos son las mejores mascotas para la casa! Primero, son lindos y tienen un pelaje suave que es lindo para peinar. Segundo, los conejos son juguetones. Les gusta saltar, correr por túneles y jugar con pelotas y otros juguetes. ¡Incluso a algunos se les pueden enseñar trucos! Pero la razón más importante es que los conejos son muy amigables. Un conejo puede ser una buena compañía para cualquiera, joven o mayor. ¡Me encantaría tener un conejo como mascota!

Voz

La **voz** es lo que hace que tu escrito sea propio. La voz muestra cómo te sientes respecto de tu tema y hace que los lectores presten atención.

- Puedes cambiar la voz que usas, según tus lectores y tus razones para escribir.
- Si escribes para persuadir o informar, puedes usar una voz formal. Las palabras formales hacen que tu voz suene seria.
- Si escribes para contar un cuento o entretener, puedes usar una voz informal. Las palabras informales hacen que tu voz suene divertida o realista.

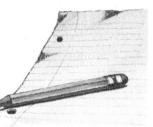

Ejemplo de una carta informal

Querido James:

¡Es genial que hayas ganado el concurso de ortografía! En tu lugar, hubiera estado completamente ansioso en el escenario. Me imagino que estudiaste como loco y sabías las palabras. De todos modos, ¡felicitaciones!

Tu amiga,
Amy

Palabras y frases como *genial* y *como loco* suenan como una conversación real.

Ejemplo de una carta formal

Estimado Sr. Chen:

Gracias por donar certificados de regalo de su librería para los ganadores del decimosexto concurso anual de ortografía de la escuela primaria Washington. ¡Los estudiantes de verdad apreciaron mucho los premios! Esperamos prontamente comprar en su librería.

Atentamente,
James Douglas

Gracias, apreciaron y *prontamente* son ejemplos de un lenguaje más formal.

Elección de palabras

Tu elección de palabras ayuda a crear una imagen en la mente de los lectores. Los escritores usan **palabras exactas** para hacer que su escrito sea más significativo e interesante.

Durante el verano, <u>nado</u> todas las mañanas. Es tan <u>refrescante meterse</u> en el agua en un día <u>caluroso y húmedo</u>. Hago <u>burbujas</u> debajo de la <u>superficie</u> y <u>salgo</u> solo cuando necesito tomar aire.

Mañana, sábado, veré a mi <u>Nana</u>. Iremos al bosque a juntar <u>manzanas</u>.

Luego, en su casa <u>hornearemos</u> un <u>pastel</u>. Una vez que esté listo, ¡nos sentaremos a comer!

Al revisar, busca palabras poco claras o vagas. Hazte estas preguntas:

- ¿Mis **verbos** muestran con exactitud lo que está pasando?
- ¿Es fácil para mis lectores ver las personas, los lugares y las cosas? ¿Los **sustantivos** crean una imagen clara?
- ¿Puedo agregar o cambiar **otras palabras**?

Inexacto:
Después de la escuela, Jeff y yo <u>fuimos</u> a la <u>tienda.</u> El olor de un <u>buen</u> pan llenaba el ambiente. Llevamos <u>muchas cosas</u> para el picnic.

Exacto:
Después de la escuela, Jeff y yo fuimos <u>en bicicleta</u> a la panadería. El olor a pan <u>fresco</u> llenaba el ambiente. <u>Compramos sándwiches de atún</u> para el picnic.

Intenta reemplazar palabras vagas o poco claras con palabras nuevas de vocabulario.

Fluidez de las oraciones

La **fluidez de las oraciones** significa que las oraciones fluyen sin problemas y hacen que los lectores quieran seguir leyendo.

- Haz que las oraciones fluyan combinando oraciones cortas que contengan ideas relacionadas.
- Usa distintos tipos de oraciones para que tu escrito siga siendo interesante.
- Usa una mezcla de oraciones cortas y largas. Usar solo oraciones cortas hace que tu escrito sea poco fluido. Muchas oraciones largas pueden confundir a tus lectores.
- Comienza tus oraciones de distinta manera.

Poca fluidez en las oraciones

El abuelo de Nancy estaba de visita una noche lluviosa. Había una tormenta. Nancy estaba asustada. Su abuelo le leyó un cuento. Era sobre un cachorrito. Nancy se sintió mucho mejor.

Buena fluidez en las oraciones

En una noche lluviosa, el abuelo de Nancy estaba de visita. ¡Qué tormenta había! Nancy estaba asustada, así que su abuelo le leyó un cuento que trataba sobre un cachorrito. Entonces, Nancy se sintió mucho mejor.

Combina oraciones poco fluidas para formar oraciones más largas y fluidas.

Oraciones poco fluidas

Mina piensa montar su bicicleta. Mañana montará su bicicleta.

A mi perro le gusta tomar siestas. Toma la siesta en una cama que está en la esquina.

Darnell encontró una roca extraña. Observó las rayas raras.

Combinar usando palabras clave

Mina piensa montar su bicicleta <u>mañana</u>.

A mi perro le gusta tomar siestas <u>en una cama que está en la esquina</u>.

Darnell encontró una roca extraña y <u>observó</u> las rayas raras.

Usa una variedad de comienzos de oraciones.

Muchas oraciones que comienzan de la misma manera

Hailey miró su proyecto de arte. Tomó su pincel. Agregó una raya más de rojo. Bajó el pincel. Pensó: "Ya estoy lista para el concurso de arte".

Comienzos variados

Hailey miró su proyecto de arte. <u>Luego</u>, tomó su pincel y agregó una raya más de rojo. <u>Después de bajar su pincel</u>, pensó: "Ya estoy lista para el concurso de arte".

Usa distintas longitudes de oraciones.

Muchas oraciones de la misma longitud

El béisbol es un deporte popular en todo el mundo. Muchas ciudades y escuelas en otros países han comenzado programas de béisbol. Ahora los niños pueden jugar en equipos organizados. Tanto niños como niñas pueden unirse a los equipos de la Pequeña Liga de los Estados Unidos. Fácilmente pueden jugar en los mismos equipos.

Varias longitudes

El béisbol es un deporte popular en todo el mundo. Como muchas ciudades y escuelas en otros países han comenzado programas de béisbol, los niños pueden jugar en equipos organizados. Tanto niños como niñas pueden jugar en equipos organizados de la Pequeña Liga de los Estados Unidos.

Usa distintos tipos de oraciones.

Oraciones similares

Los caracoles son criaturas babosas. Llevan su casa en la espalda. Viven en muchos lugares. Algunos viven en la tierra, en el océano o en lagos de agua dulce.

Oraciones variadas

¿Qué criatura babosa lleva su casa en la espalda? ¡Un caracol! Los caracoles viven en muchos lugares. Algunos viven en la tierra, en el océano o en lagos de agua dulce.

Convenciones

Las **convenciones** son reglas de gramática, ortografía, puntuación y uso de las letras mayúsculas. Una manera de asegurarte de que sigues las reglas al escribir o corregir es tener una lista de control.

Ejemplo de lista de control para corregir

Puntuación

___ ¿Usé la puntuación correcta en mis oraciones?

___ ¿Usé correctamente las comas en las oraciones compuestas?

___ ¿Usé correctamente las comillas y los guiones largos?

Uso de las letras mayúsculas

___ ¿Comencé mis oraciones con mayúscula?

___ ¿Usé mayúsculas en los sustantivos propios?

Ortografía

___ ¿Escribí bien todas las palabras?

Gramática

___ ¿Hay concordancia entre los verbos y los sujetos de mis oraciones?

___ ¿Evité oraciones con muchas cláusulas sin la puntuación correcta y fragmentos?

Errores comunes

Fragmentos y oraciones con muchas cláusulas

Una oración debe tener un **sujeto** y un **verbo**. Comienza con mayúscula y termina con un punto final.

Manera incorrecta	Manera correcta
Las ovejas en el campo.	Las ovejas que están en el campo están listas para que las esquilen.
Pueden esquilarlas juntas para obtener su lana.	Los granjeros pueden esquilarlas para obtener la lana.
La lana de las ovejas fue uno de los primeros tejidos que la gente de todo el mundo usó para hacer ropa de lana.	La lana de las ovejas fue uno de los primeros tejidos. La gente de todo el mundo hace ropa de lana.

Oraciones compuestas y complejas

Una **oración compuesta** combina dos oraciones. Las cláusulas están separadas por una coma o una conjunción coordinante. Una **oración compleja** tiene una cláusula independiente y una dependiente, y no siempre necesita una coma.

Manera incorrecta	Manera correcta
Se alimenta a las vacas después se ordeñan.	Después de alimentar a las vacas, se ordeñan.
El granero está a medio pintar ¡ya se ve hermoso!	El granero está a medio pintar, ¡pero ya se ve hermoso!

Concordancia entre el sujeto y el verbo

Asegúrate de que haya concordancia entre el sujeto y el verbo de tus oraciones.

Manera incorrecta	Manera correcta
Joan plantas un árbol en el patio de recreo.	Joan planta un árbol en el patio de recreo.
José y Marisol pinta un mural cerca del patio de recreo.	José y Marisol pintan un mural cerca del patio de recreo.
Los estudiantes quiere que el receso sea mejor.	Los estudiantes quieren que el receso sea mejor.

Posesivos

Usa adjetivos posesivos para indicar a quién pertenece algo.

Manera incorrecta	Manera correcta
Esta es tus pelota.	Esta es tu pelota.
La mamá de Álex trajo sándwiches y jugo a nuestra juego.	La mamá de Álex trajo sándwiches y jugo a nuestro juego.
Todas nuestra camisetas nuevas son rojas.	Todas nuestras camisetas nuevas son rojas.

Taller de escritura

En un **taller de escritura**, los escritores leen sus trabajos mutuamente. Luego, hacen preguntas y proponen cambios. El objetivo de un taller de escritura es hacer que el escrito de todos sea mejor.

Cómo funciona un taller de escritura

- Da a cada uno de tus compañeros una copia de tu borrador revisado.
- Lee tu escrito en voz alta, o pide a todo el grupo que lo lea en silencio.
- Escucha con atención y toma notas.
- Señala a tus compañeros lo que te ha gustado de su trabajo.
- Haz preguntas si algo es confuso.
- Sugiere de manera educada y respetuosa formas de mejorar el escrito.

Sé que debemos recuperar el tiempo perdido por los días de nevada. Creo que debemos recuperarlo durante las vacaciones de primavera en lugar de junio. Recuperar en las vacaciones de primavera el tiempo perdido mantendrá a los estudiantes enfocados. Además, aún tendremos algunos días de relajación. Las vacaciones de primavera son geniales, pero salir temprano de la escuela en junio es mejor. El verano ya parece demasiado corto. Si debemos recuperar tres días, eso significa realmente cinco días más de clase en junio. Por favor, consideren cambiar la política de recuperar el tiempo perdido. Los estudiantes se lo agradecerán.

Agrega una palabra de transición. Podría ser *sin embargo*.

¿Qué quieres decir con enfocados?

¿Por qué salir más temprano en junio es mejor?

¿Por qué 3 días se convierten en 5?

¡Tu párrafo está bien organizado!

Guía para un taller de escritura

El papel del escritor

- ☐ Da una copia de tu escrito a cada uno de tus compañeros del taller de escritura.
- ☐ Lee tu escrito en voz alta o presenta tu escrito y deja que tus compañeros lo lean en silencio.
- ☐ Pídeles que hagan comentarios y escúchalos con atención. Mantén la mente abierta.
- ☐ Toma notas o escribe las sugerencias para recordarlas.
- ☐ Pide consejos sobre cualquier cosa con la que tengas dificultades.
- ☐ Vuelve a leer tu escrito después del taller.
- ☐ Usa tus notas para revisar y hacer correcciones.

El papel del que responde

- ☐ Sé gentil, respetuoso, positivo, educado y constructivo.
- ☐ Escucha o lee el escrito con atención.
- ☐ Toma notas sobre el escrito.
- ☐ Vuelve a contar lo que escuchaste.
- ☐ Comenta aunque sea dos cosas que te gustaron del escrito. Sé específico.
- ☐ Haz preguntas sobre las cosas que no comprendes.
- ☐ Da una o dos sugerencias para ayudar al escritor.

Comentarios negativos y poco constructivos	Comentarios positivos y constructivos
¿Por qué tus detalles son tan vagos?	¿Qué detalles emocionantes agregarías?
¿Dónde está el final?	¿De qué otra manera terminarías el cuento?
¿Por qué no contaste más sobre tu personaje?	¿Cómo es tu personaje?

Usar Internet

Una computadora es una gran herramienta para escribir. Puedes usar la computadora para buscar datos.

- Un motor de búsqueda te ayudará a encontrar sitios web con información sobre tu tema. Si no sabes si un determinado sitio web es una buena fuente, pregúntale a tu maestro.
- Las enciclopedias en línea tienen muchos datos útiles.
- Asegúrate de anotar tus fuentes a medida que investigas, así después puedes referenciarlas y citarlas.

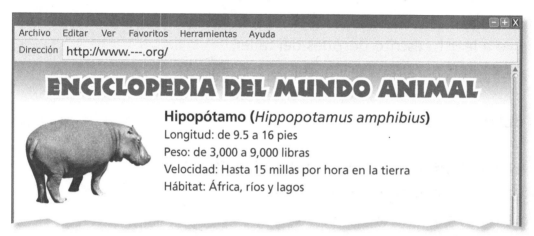

Archivo   Editar   Ver   Favoritos   Herramientas   Ayuda

Dirección http://www.---.org/

ENCICLOPEDIA DEL MUNDO ANIMAL

Hipopótamo (*Hippopotamus amphibius*)
Longitud: de 9.5 a 16 pies
Peso: de 3,000 a 9,000 libras
Velocidad: Hasta 15 millas por hora en la tierra
Hábitat: África, ríos y lagos

Datos:
- de 9.5 a 16 pies
- de 3,000 a 9,000 libras
- Se mueve hasta a 15 mph.
- Vive en África.

Borrador:

El hipopótamo
por Alice Chase

El hipopótamo puede medir hasta 16 pies de largo y pesar de 3,000 a 9,000 libras. Vive en los ríos y lagos de África. El hipopótamo se mueve a un ritmo lento que no supera las 15 millas por hora.

Puedes usar enciclopedias en línea para buscar datos para tu escrito.

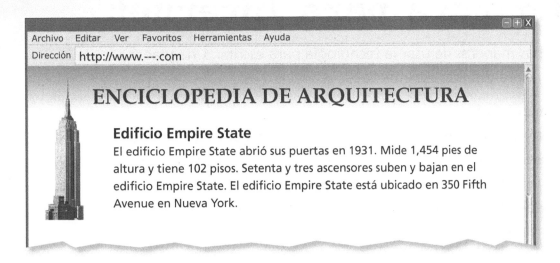

Edificio Empire State

El edificio Empire State abrió sus puertas en 1931. Mide 1,454 pies de altura y tiene 102 pisos. Setenta y tres ascensores suben y bajan en el edificio Empire State. El edificio Empire State está ubicado en 350 Fifth Avenue en Nueva York.

Datos:

- Abrió en 1931.
- 102 pisos
- 73 ascensores

Fuente: "Edificio Empire State", sitio web de Enciclopedia de Arquitectura, 24 de febrero de 2012, www.---.com

¡No te olvides de anotar la fuente!

Rudbeckia hirta
(Nombre común: Rudbeckia)
Altura máxima: 1 metro
Región: principalmente al norte de los Estados Unidos
Apariencia: centro café, pétalos amarillos

Datos:

- altura máxima: 1 metro
- América del Norte
- flor del estado de Maryland

Fuente: "Rudbeckia hirta", sitio web de Enciclopedia de las Flores, 28 de noviembre de 2012, www.---.com

Escritura para Internet

Hay muchas maneras de usar la tecnología para escribir. Una manera es escribir para publicar en Internet.

Correo electrónico

Puedes enviar un correo electrónico a un amigo o pariente. También puedes usar el correo electrónico para asuntos de negocios, lo que requiere un lenguaje más formal. Un correo electrónico es como una carta. Puedes escribir un correo electrónico para conectarte con cualquier persona del mundo.

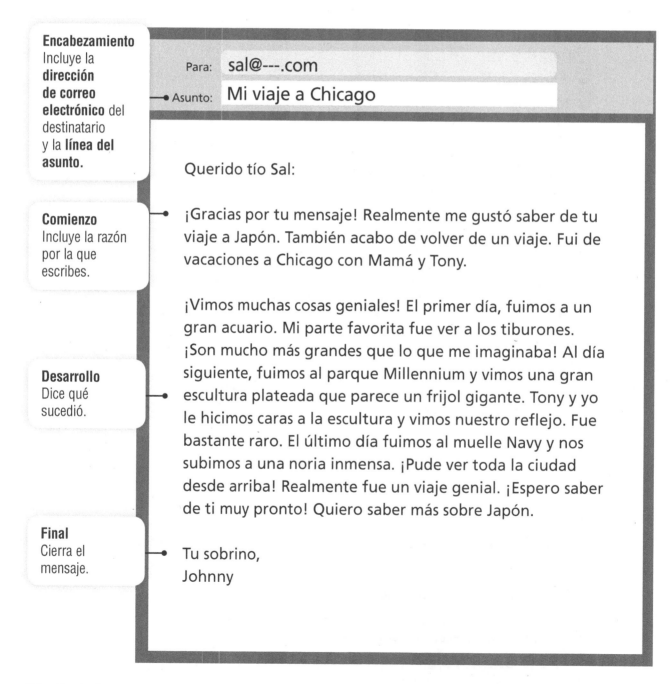

Encabezamiento
Incluye la **dirección de correo electrónico** del destinatario y la **línea del asunto.**

Para: sal@---.com

Asunto: Mi viaje a Chicago

Comienzo
Incluye la razón por la que escribes.

Querido tío Sal:

¡Gracias por tu mensaje! Realmente me gustó saber de tu viaje a Japón. También acabo de volver de un viaje. Fui de vacaciones a Chicago con Mamá y Tony.

Desarrollo
Dice qué sucedió.

¡Vimos muchas cosas geniales! El primer día, fuimos a un gran acuario. Mi parte favorita fue ver a los tiburones. ¡Son mucho más grandes que lo que me imaginaba! Al día siguiente, fuimos al parque Millennium y vimos una gran escultura plateada que parece un frijol gigante. Tony y yo le hicimos caras a la escultura y vimos nuestro reflejo. Fue bastante raro. El último día fuimos al muelle Navy y nos subimos a una noria inmensa. ¡Pude ver toda la ciudad desde arriba! Realmente fue un viaje genial. ¡Espero saber de ti muy pronto! Quiero saber más sobre Japón.

Final
Cierra el mensaje.

Tu sobrino,
Johnny

Entrada de un *blog*

La palabra *blog* es la abreviatura de "weblog". Es un diario que llevas en Internet para que otras personas lean y hagan comentarios. Compartir noticias sobre tus amigos, tu familia o sobre ti mismo es una manera de usar un *blog*. Los *blogs* también pueden tener ensayos o incluir opiniones.

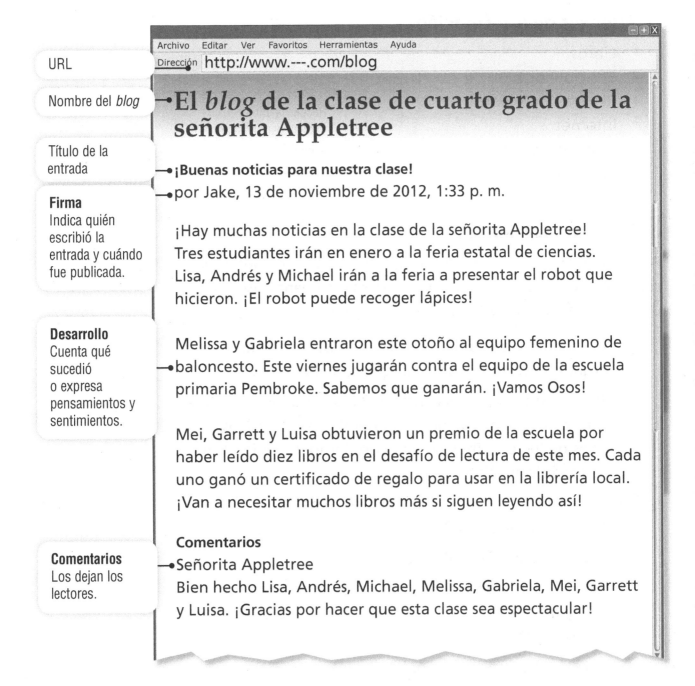

URL

Nombre del *blog*

Título de la entrada

Firma
Indica quién escribió la entrada y cuándo fue publicada.

Desarrollo
Cuenta qué sucedió o expresa pensamientos y sentimientos.

Comentarios
Los dejan los lectores.

Archivo   Editar   Ver   Favoritos   Herramientas   Ayuda

Dirección http://www.---.com/blog

El *blog* de la clase de cuarto grado de la señorita Appletree

¡Buenas noticias para nuestra clase!
por Jake, 13 de noviembre de 2012, 1:33 p. m.

¡Hay muchas noticias en la clase de la señorita Appletree! Tres estudiantes irán en enero a la feria estatal de ciencias. Lisa, Andrés y Michael irán a la feria a presentar el robot que hicieron. ¡El robot puede recoger lápices!

Melissa y Gabriela entraron este otoño al equipo femenino de baloncesto. Este viernes jugarán contra el equipo de la escuela primaria Pembroke. Sabemos que ganarán. ¡Vamos Osos!

Mei, Garrett y Luisa obtuvieron un premio de la escuela por haber leído diez libros en el desafío de lectura de este mes. Cada uno ganó un certificado de regalo para usar en la librería local. ¡Van a necesitar muchos libros más si siguen leyendo así!

Comentarios
Señorita Appletree
Bien hecho Lisa, Andrés, Michael, Melissa, Gabriela, Mei, Garrett y Luisa. ¡Gracias por hacer que esta clase sea espectacular!

Investigar

La mejor manera de apoyar tus puntos de vista en tu escritura informativa o persuasiva es usar datos y detalles. La mejor forma de buscar datos y detalles es investigando.

Fuentes de información

- Libros
- Enciclopedias
- Revistas y periódicos
- Internet
- Televisión y videos
- Entrevistas

> Recuerda anotar tus fuentes para citarlas después.

Evaluar las fuentes

Algunas fuentes son mejores que otras o tienen información más confiable. ¿Cómo puedes saber qué fuentes son buenas? Al consultar una fuente nueva, hazte las siguientes preguntas:

- ☐ ¿La fuente está publicada por una institución, una organización o una persona que sabe del tema?

- ☐ Si es un sitio web, ¿es confiable? (Los sitios que terminan con .*edu*, .*org* o .*gov* por lo general son educativos, sin fines de lucro o sitios web del gobierno y pueden tener buena información).

- ☐ ¿Hay información sobre la trayectoria del autor en su biografía o sitio web?

- ☐ ¿La fuente está actualizada?

- ☐ ¿Se indica el propósito o el punto de vista de la fuente? Si hay más de dos puntos sobre el tema, ¿se presentan ambos puntos?

- ☐ ¿La información está completa?

Buscar información

Una manera de buscar información es investigar en el fichero electrónico de tu biblioteca o usar un motor de búsqueda de Internet. Para poder encontrar buenas fuentes de información, debes investigar usando las palabras clave adecuadas.

Una **palabra clave** es una palabra o una frase sobre un tema. Una buena palabra clave para comenzar podría ser el tema de tu investigación.

Sugerencias:

- Reduce tu tema a una palabra clave específica. Si eliges algo muy amplio, tu búsqueda tendrá cientos de resultados.
- No elijas algo demasiado específico o no encontrarás suficientes resultados para obtener suficiente información.

Palabras clave menos efectivas	Palabras clave efectivas
carros	el primer carro
carros viejos	modelo T
inventores	Henry Ford
el Chevy de 1957 de la abuela	Chevy de 1957

Partes de un libro de no ficción

- El **contenido** muestra cómo está organizado el libro y tiene una lista del nombre de cada capítulo y su número de página.
- El **glosario** da definiciones de las palabras especiales que se usan en el libro.
- La **bibliografía** enumera las fuentes que el autor usó cuando escribió el libro.
- El **índice** es una lista en orden alfabético de los temas que cubre el libro.

Tomar notas

Vas a encontrar muchísima información cuando hagas una investigación.
Una manera de llevar un registro y organizarte es tomar notas.

Tarjetas de notas

Puedes tomar notas de tu investigación de dos maneras:

1. Puedes escribir la idea principal o una pregunta de investigación
en la parte de arriba de la tarjeta. Abajo, escribe los detalles o la
respuesta a tu pregunta de investigación.

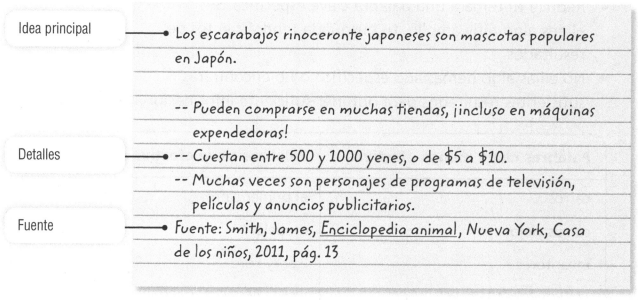

Idea principal

• Los escarabajos rinoceronte japoneses son mascotas populares
en Japón.

Detalles

-- Pueden comprarse en muchas tiendas, ¡incluso en máquinas
expendedoras!
-- Cuestan entre 500 y 1000 yenes, o de $5 a $10.
-- Muchas veces son personajes de programas de televisión,
películas y anuncios publicitarios.

Fuente

• Fuente: Smith, James, <u>Enciclopedia animal</u>, Nueva York, Casa
de los niños, 2011, pág. 13

2. Puedes escribir tu pregunta de investigación en la parte de arriba
y luego incluir una cita de la fuente.

Pregunta de
investigación

• ¿Qué tamaño tienen los escarabajos rinoceronte japoneses?

Cita de la fuente

"El escarabajo rinoceronte japonés es un tipo de
escarabajo que puede llegar a medir hasta dos pulgadas y
media de largo".

Fuente

• Fuente: Healy, Patricia, <u>Todo sobre los escarabajos</u>,
Boston, Simpson, 2007, pág. 47

Escribir para aprender

✏ Pensar en voz alta en papel

- A medida que lees, toma notas sobre lo que lees.
- Anota lo que comprendes del tema.
- Puedes tomar notas de las imágenes que creas en tu mente mientras lees, lo que predices que sucederá en un cuento o los aspectos en que lo que estás leyendo se parece a una experiencia que hayas tenido.

✏ Diario de aprendizaje

- Un diario de aprendizaje es un lugar para que hagas comentarios, preguntas o conexiones sobre tu tema.
- En la columna "Tomar notas", escribe las palabras exactas que leíste.
- En la columna "Hacer notas", escribe tus reacciones o tus preguntas sobre lo que leíste.

Diario de aprendizaje: "Comenzar un jardín"	
Tomar notas	Hacer notas
"Planta las semillas en primavera".	¿Qué día es el mejor día para plantar las semillas?
"Elige plantas adecuadas para tu jardín".	Quiero plantar pepinos y tomates. Los pepinos son deliciosos.
"Deberías ver los brotes dentro de los diez días posteriores a haber plantado las semillas".	¿Hay algo que pueda hacer para que mis plantas crezcan más rápido?

Escribir sobre un tema de escritura

Escribir sobre un tema de escritura es una tarea de redacción. A veces, los maestros dan tareas de escritura cronometradas para ejercicios en clase o pruebas.

Escribir sobre un tema de escritura

- Lee el tema con atención.
- Observa si pide que des información, expreses pensamientos y sentimientos, o persuadas a alguien.
- Busca pistas que digan qué incluir. Para los textos de no ficción, podrías ver *hechos, opiniones, ejemplos, razones.* Para los cuentos, *conflictos, personajes, trama.*
- Planifica tu escrito y luego escribe. Repite las palabras clave del tema en tu oración principal.
- Algunos temas de escritura tienen que hacerse en determinado tiempo. Piensa en la mejor manera de usar tu tiempo.

Tema de escritura: Piensa en un lugar que te gustaría visitar. Escribe un párrafo para explicar adónde quieres ir y por qué quieres ir allí.

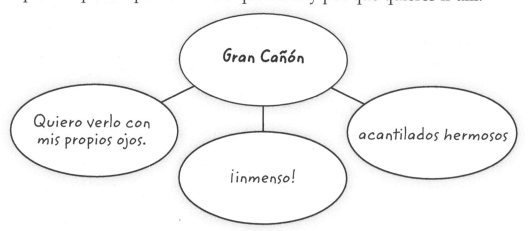

Me gustaría visitar el Gran Cañón. Mi tía Carol lo visitó el año pasado y trajo muchas fotos. Los acantilados y las rocas eran hermosos. Mi tía Carol dijo que el Gran Cañón es mucho más grande en vivo que lo que se ve en las fotos. No se parece a ningún lugar que conozco. Algún día quisiera verlo con mis propios ojos.

Temas de escritura

Un **tema de escritura** es un enunciado o una pregunta que te pide que completes una tarea escrita. Este es un ejemplo de un tema de escritura narrativa:

> Casi todos han tenido una experiencia interesante al visitar un lugar nuevo. Piensa en tu propia experiencia en un lugar nuevo. Pudo suceder durante una visita a otro estado, a un museo o a cualquier otro lugar. Ahora cuenta una historia a tus lectores sobre qué sucedió cuando visitaste ese lugar.

Aquí hay otros ejemplos de temas de escritura:

Escritura narrativa	Escritura persuasiva
En estos temas, debes "contar un cuento".	En estos temas, debes "convencer" o "persuadir".
Escritura informativa	Respuesta a la literatura
En estos temas, debes "contar o explicar por qué".	En estos temas, debes responder preguntas sobre un texto que has leído.

Temas de escritura a partir de ilustraciones

Un **tema de escritura a partir de una ilustración** es un enunciado o pregunta sobre una ilustración. Te pide que cuentes algo sobre la ilustración. Este es un ejemplo de tema de escritura a partir de una ilustración que pide una descripción.

Imagínate en esta escena. Escribe una composición para tu maestro en la que cuentes lo que ves.

Listas de control y pautas de calificación

Una **pauta de calificación** es una tabla que te ayuda al escribir y revisar. La calificación 6 es la meta a seguir en tus escritos.

	• Enfoque • Apoyo	• Organización
Calificación 6	Mi escrito está enfocado en el tema y está apoyado por datos y detalles.	Mi escrito tiene una introducción y una conclusión claras. Todas las ideas están organizadas con claridad.
Calificación 5	Mi escrito está mayormente enfocado en el tema y está apoyado por datos y detalles.	Mi escrito tiene una introducción y una conclusión. La mayoría de las ideas están organizadas.
Calificación 4	Mi escrito está mayormente enfocado en el tema y está apoyado por algunos datos y detalles.	Mi escrito tiene una introducción y una conclusión. Muchas ideas están organizadas.
Calificación 3	Parte de mi escrito está enfocado en el tema y está apoyado por pocos datos y detalles.	Mi escrito tiene una introducción y una conclusión, pero tal vez le falte una de las dos. Algunas ideas están organizadas.
Calificación 2	Mi escrito no está enfocado en el tema y está apoyado por pocos datos o detalles.	Mi escrito tal vez no tenga ni introducción ni conclusión. Hay pocas ideas organizadas.
Calificación 1	Mi escrito no está enfocado en el tema ni está apoyado por datos ni detalles.	Mi escrito no tiene ni introducción ni conclusión. Tiene pocas ideas organizadas o ninguna.

• Elección de palabras • Voz	• Convenciones • Fluidez de la oración
Las ideas están conectadas con palabras y frases. Uso palabras específicas. Mi voz se conecta con el lector de manera única.	Mi escrito no tiene errores de ortografía, gramática, uso de las letras mayúsculas ni puntuación. Hay variedad de oraciones.
La mayoría de las ideas están conectadas con palabras y frases. Uso palabras específicas. Mi voz se conecta con el lector.	Mi escrito tiene pocos errores de ortografía, gramática, uso de las letras mayúsculas o puntuación. Hay cierta variedad de oraciones.
Algunas ideas están conectadas con palabras y frases. Uso algunas palabras específicas. Mi voz se conecta con el lector.	Mi escrito tiene algunos errores de ortografía, gramática, uso de las letras mayúsculas o puntuación. Hay cierta variedad de oraciones.
Algunas ideas están conectadas con palabras o frases. Uso pocas palabras específicas. Mi voz tal vez se conecte con el lector.	Mi escrito tiene algunos errores de ortografía, gramática, uso de las letras mayúsculas o puntuación. Hay poca variedad de oraciones.
Algunas ideas tal vez estén conectadas con palabras o frases. Uso pocas palabras específicas. Tal vez mi voz no se conecte con el lector.	Mi escrito tiene muchos errores de ortografía, gramática, uso de las letras mayúsculas o puntuación. Hay poca variedad de oraciones. Hay algunas oraciones incompletas.
Mis ideas tal vez no estén conectadas con palabras ni frases. No uso palabras específicas. Mi voz no se conecta con el lector.	Mi escrito tiene muchos errores de ortografía, gramática, uso de las letras mayúsculas o puntuación. No hay variedad de oraciones. Las oraciones están incompletas.

Resumen

Un **resumen** es una descripción corta de las ideas y los detalles más importantes de un escrito.

Partes de un resumen

- Una introducción que indica de qué tratará el resumen
- Un desarrollo que cuenta las partes más importantes del texto con tus propias palabras
- Una conclusión que dice cómo termina el escrito

El premio Nobel de la Paz

Introducción
Indica de qué trata el artículo.

El artículo "Los ganadores del premio Nobel de la Paz" trata sobre las personas que ganaron el premio Nobel de la Paz en 2011. Explica qué es el premio de la Paz y da una biografía corta de los ganadores.

El premio Nobel de la Paz se otorga a personas u organizaciones que han hecho el mayor esfuerzo en promover la paz mundial. Se ha otorgado desde 1901. La premiación comenzó después de la muerte del científico sueco Alfred Nobel. Él dejó mucho dinero en su testamento; ahora se divide y se entrega cada año como el premio Nobel de la Paz.

El premio por lo general se otorga a una persona o una organización. En 2011, se lo otorgaron a tres personas. Esta es solo la segunda vez que el premio se comparte entre tres personas. En 2011, el premio Nobel de la Paz se otorgó a Ellen Johnson Sirleaf, Leymah Gbowee y Tawakkol Karman.

Desarrollo
Incluye las partes más importantes del artículo.

Ellen Johnson Sirleaf es la presidenta de Liberia. Su objetivo es llevar la paz y la libertad a su país. Fue elegida para recibir el premio Nobel de la Paz por su arduo trabajo por los derechos de las mujeres. Espera que las niñas de todo el mundo la consideren un modelo a seguir.

Leymah Gbowee también es de Liberia y es activista por la paz. Lideraba un grupo en Liberia que luchaba por el derecho de las mujeres al voto en las elecciones. También ayudó a que en su país terminara la guerra civil. Gbowee recibió el premio Nobel de la Paz por ayudar a las mujeres a tener más libertad y por mantenerlas a salvo.

La tercera ganadora, Tawakkol Karman, también ganó el premio por su trabajo con las mujeres. Es la primera mujer árabe en ganar el premio Nobel de la Paz. Su objetivo es llevar la libertad y la autoestima a su país.

Estas tres mujeres recibieron sus premios en una ceremonia en Oslo, Noruega. La ceremonia del premio Nobel de la Paz se realiza en Oslo todos los años.

Conclusión
Indica cómo termina el artículo.

Observa cómo la autora de este escrito:

- Nombró el artículo en el primer párrafo y escribió el título del artículo entre comillas.

  Si la autora de este artículo hubiera resumido un libro, habría escrito el título en cursiva o lo habría subrayado.

  <u>Alfred Nobel: una biografía</u> es un libro escrito por Kenne Fant. Cuenta detalles interesantes sobre el científico sueco que creó el famoso premio Nobel de la Paz.

- Volvió a escribir el artículo con sus propias palabras en lugar de copiarlas del libro.

- Probablemente hizo un resumen mucho más corto que el artículo.

Causa y efecto

Un **ensayo de causa y efecto** cuenta qué sucedió y por qué sucedió.

Partes de un ensayo de causa y efecto

- Un introducción que indica qué explicará el ensayo
- Una o más causas que dicen por qué sucedió algo
- Datos clave que ayudan a explicar la relación causa y efecto
- Una conclusión que resume el ensayo y une las ideas

Introducción
Indica el tema del ensayo.

Cuando fue electo, el alcalde Griggs dijo que haría brillar la ciudad. ¡Sí que cumplió su promesa! De hecho, ha sido uno de los mejores alcaldes que ha tenido esta ciudad. ¿Quieres saber por qué? Cree que la comunidad puede trabajar para mejorar la ciudad.

Las causas indican por qué sucedió algo.

Primero, les pidió a los ciudadanos que trabajaran como voluntarios en distintos proyectos en la ciudad. Un grupo limpió la basura de los parques y los campos de juego. Otro trabajó limpiando los patios de las escuelas y los patios de juego. Un tercer grupo limpió otros lugares públicos, como el terreno frente a la alcaldía. **Ahora** casi no hay basura en la ciudad.

Los efectos dicen qué sucedió.

Luego, el alcalde Griggs formó un grupo de voluntarios para que hicieran que la ciudad luciera mejor. Este grupo plantó árboles y flores, y reparó algunos de los edificios que se estaban derrumbando. **Como resultado,** ¡el centro de la ciudad se ve hermoso! La calle principal está decorada con flores y los edificios recibieron una mano nueva de pintura.

Otras palabras de transición
Debido a
Desde ese momento
Por lo tanto
Hoy en día
Entonces
Por esta razón

El alcalde **también** inició un programa para persuadir a la población de llevar sus libros viejos a la biblioteca pública. ¡La biblioteca recibió tantos libros que no tenía espacio para guardarlos! **Además**, pidió que se donara comida al refugio de los sin hogar **para que** todos los ciudadanos tuvieran suficiente comida.

Desarrollo
Incluye datos clave que ayudan a explicar las relaciones causa y efecto.

Después, el alcalde Griggs decidió hacer algo contra el crimen. Contrató más oficiales de policía y animó a los vecinos a formar equipos de vigilancia vecinal. **Por esto,** hay muchos menos delitos, especialmente en el área del centro de la ciudad.

En definitiva, la vida de nuestra ciudad es mejor gracias al alcalde Griggs. No solo la calidad de vida mejoró en la ciudad, sino que la gente trabaja unida. **Gracias** al trabajo del alcalde, el centro de la ciudad se ve hermoso. Los habitantes de nuestra ciudad nos sentimos seguros. Este se ha convertido en un excelente lugar para vivir **desde** que el alcalde Griggs fue electo.

Conclusión
Une las ideas.

Observa cómo el autor de este escrito:

- Presentó el tema del ensayo.

  Otras maneras en que podría haber presentado el ensayo es contando cómo el alcalde logró que la ciudad fuera más linda y segura.

  La ciudad nunca ha sido tan hermosa como lo ha sido desde que el alcalde Griggs fue electo.

- Mostró las relaciones de causa y efecto en el párrafo 5:

  *Contrató más oficiales de policía y animó a los vecinos a formar equipos de vigilancia vecinal. **Por esto**, hay muchos menos delitos, especialmente en el área del centro de la ciudad.*

Problema y solución

Una **composición de problema y solución** es un ensayo que presenta un problema y ofrece varias maneras de resolverlo.

Partes de una composición de problema y solución

- Una introducción que habla sobre el problema
- Párrafos centrales que ofrecen varias soluciones
- Un conclusión que indica cuál es la mejor solución

Introducción
Presenta el problema.

Basta de ensuciar

Los vecinos de nuestra escuela se están quejando por la basura en sus propiedades. Después de la escuela, los niños que caminan a casa arrojan basura en los patios de los vecinos. Esto hace que nuestra escuela quede mal. Debemos demostrar a nuestros vecinos que no solo somos buenos niños, sino que también respetamos nuestro vecindario.

Una manera de resolver el problema es colocar botes de basura en la puerta de cada salida de la escuela. Los estudiantes tendrán que arrojar la basura en los botes antes de caminar a casa. Podríamos tener una asamblea escolar para recordar a los niños que no deben arrojar basura en la calle y explicar las reglas de los botes de basura. Cuando suene el último timbre, podría haber voluntarios al lado de los botes recordando a los estudiantes que los usen.

Párrafos centrales
Cada párrafo ofrece una solución al problema.

Otra solución para dejar de arrojar basura es prohibir a los estudiantes que se lleven a casa cualquier cosa que les haya quedado del almuerzo. Las sobras son el mayor problema de la basura. Los vecinos se quejan porque los niños arrojan bolsas de papas fritas, cajas de jugos y bolsas de plástico con sándwiches a medio comer. Nuestra escuela ya les pide a los niños que coman

Otras palabras de transición
La primera manera
La segunda manera
Otra manera
La siguiente solución
Al final
Por último

todo su almuerzo y que no tiren la comida. Prohibir que los estudiantes se lleven las sobras a casa podría hacer que los niños comieran todo su almuerzo. Quizás aprendan a no llevar a la escuela más comida que la que pueden comer.

La mejor solución de todas es tener equipos de limpieza en nuestra escuela. Cada día, una clase podría dedicar parte del recreo o la hora de almuerzo para recoger la basura de los patios de nuestros vecinos. Un maestro podría estar allí para supervisar. Si los niños tienen que recoger la basura, es más probable que no ensucien. Lo mejor de todo sería que los estudiantes conocieran a nuestros vecinos y les mostraran que somos buenos niños y nos preocupamos por el vecindario. ¡Con esta solución todos ganaríamos!

> En cada solución, el escritor usa el lenguaje para persuadir al público.

Conclusión
Indica cuál es la mejor solución.

Observa cómo el autor de este escrito:

- Organiza con claridad sus soluciones, incluyendo la mejor al final.

  Una manera de resolver el problema...
  Otra solución para dejar de arrojar basura...
  La mejor solución de todas...

- Usó lenguaje persuasivo.

  Si los niños tienen que recoger la basura, es más probable que no ensucien. Lo mejor de todo sería que los estudiantes conocieran a nuestros vecinos [...] ¡Con esta solución todos ganaríamos!

Comparar y contrastar

Un **ensayo de comparación y contraste** dice en qué se parecen o en qué se diferencian dos o más cosas.

Partes de un ensayo de comparación o contraste

- Una introducción que dice qué se va a comparar y contrastar
- Detalles que muestran en qué se parecen y en qué se diferencian los temas
- Una organización que tiene sentido: semejanzas y diferencias, diferencias y luego semejanzas, o diferencias y semejanzas punto por punto
- Palabras de transición que indican si las cosas se están comparando o contrastando
- Una conclusión que resume la información

Introducción
Indica qué se va a comparar y contrastar.

Los museos de ciencias y los museos de arte se diferencian en muchos aspectos, pero también tienen algunas semejanzas.

Las palabras de transición indican si los temas se comparan o se contrastan.

Los museos de arte exhiben muchos tipos de arte. Esto incluye cuadros, esculturas, vestimenta y fotografías. Estos objetos son hechos por los humanos. **En contraste**, los museos de ciencias muestran muchas cosas que se encuentran en la naturaleza. Pueden ser cosas como huesos, rocas o modelos de dinosaurios.

Desarrollo
Incluye detalles que indican en qué se diferencian los temas.

Los visitantes de los museos de arte no pueden tocar las obras de arte. **Sin embargo**, en los museos de ciencias, los visitantes muchas veces pueden tocar cosas verdaderas. Los museos de ciencias **también** tienen exhibiciones interactivas en que los visitantes pueden tocar objetos, mirar videos o jugar con programas de computadora.

Otras palabras de transición
De manera similar
Del mismo modo
A diferencia
De igual modo
Ninguno
Para comparar
Para contrastar
Por el contrario

Desarrollo
Incluye detalles
que indican en
qué se parecen
los temas.

El museo de arte de nuestra ciudad suele ser muy silencioso. La gente camina por él lentamente y examina las obras de arte en silencio. **En contraste**, los museos de ciencias a veces son muy bulliciosos. Muchos niños los visitan a diario. Hablan mientras juegan con las exhibiciones.

Por otra parte, ambos museos tienen exhibiciones que muestran cómo se vivía hace mucho tiempo. Por ejemplo, el museo de arte muestra el arte de los indígenas norteamericanos, incluyendo su vestimenta, herramientas y joyas. Puedes encontrar este mismo tipo de cosas en un museo de ciencias en los salones que muestran cómo se vivía antes. Además, **ambos** museos son excelentes lugares para visitar cuando llueve. Los museos de arte y de ciencias están llenos de cosas para explorar. **Ambos** te animan a aprender de una manera emocionante. Son excelentes lugares para recorrer en una visita con la escuela o con tu familia.

Tanto los museos de arte como los de ciencias son excelentes lugares para visitar. Sin importar cuál visites, ¡seguro tendrás una experiencia interesante!

Observa cómo el autor de este escrito:

- Organizó el ensayo con las diferencias primero y las semejanzas después.

  Otras maneras en que podría haber organizado el ensayo son dando las semejanzas primero y las diferencias después, o dando las semejanzas y las diferencias del mismo tema en el mismo párrafo.

- Usó palabras de transición como:

  por otra parte, en contraste, sin embargo, ambos

Ensayo de instrucciones

Un **ensayo de instrucciones** explica cómo completar una tarea. Las instrucciones organizadas de manera clara indican a los lectores qué deben hacer exactamente.

Partes de un ensayo de instrucciones

- Una introducción que indica a los lectores qué van a aprender
- Un desarrollo que explica cada paso en orden
- Una conclusión que indica el resultado que se obtiene al completar todos los pasos

Comienzo
Indica a los lectores qué van a aprender.

Cómo escribir una canción

Las canciones no aparecen como por arte de magia. Alguien debe pensar las palabras y escribirlas. Luego, hay que ponerles música a las palabras. Es fácil escribir una canción si sabes cómo hacerlo.

Se incluyen ejemplos que ayudan a los lectores a comprender.

Primero, escribe algunas ideas. Puedes escribir una canción sobre un familiar o un amigo. También puedes hacer una canción sobre un lugar que te guste. Si no quieres escribir sobre algo real, escribe sobre algo imaginario. Quizá puedas escribir sobre un superhéroe, un extraterrestre o incluso sobre otro mundo. Haz una lista de tus ideas de canciones.

Desarrollo
Muestra todos los pasos en orden.

Segundo, decide qué idea quieres usar. Piensa en todas las ideas de canciones de tu lista. ¿Cómo te hacen sentir? Una canción sobre tu mamá podría ser tierna. Una canción sobre un hermano o hermana podría ser divertida. Una canción sobre un superhéroe podría ser una canción de rock pesado. Escribe tus sentimientos sobre cada idea de canción de tu lista. Luego, elige qué idea convertirás en canción.

Otras palabras de transición
Antes
Durante
Cerca
Debajo
Después
Mientras tanto
Tan pronto como
Por último

Se incluyen palabras de transición que ayudan a conectar los pasos.

Final
Muestra el resultado que se obtiene al completar todos los pasos.

Tercero, escribe un poema sobre tu idea. Puede ser un poema con rima o un verso libre. Debe ser bastante largo para hacerlo canción. Tres o cuatro estrofas o casi media página deberían ser suficiente.

Luego, haz la melodía de tu canción. Piensa en cómo te hace sentir tu poema. Esto te ayudará a componer la melodía. Canta las palabras en voz alta e intenta distintas tonadas. Cuando encuentres una que te guste, practícala una y otra vez así no la olvidas.

Por último, es momento de compartir tu canción. Cántasela a tu familia o a tus amigos. Enséñales a cantarla. Si te gusta escribir canciones, piensa en formar una banda con algunos amigos y canta tus canciones.

Componer canciones es divertido. Si sigues todos los pasos, verás qué fácil es. ¿Quién sabe? Quizás algún día seas un compositor famoso.

Observa cómo el autor de este escrito:

- Presenta los pasos en orden y usa palabras de transición para conectarlos.

Primero, escribe algunas ideas.

Segundo, decide qué idea quieres usar.

Tercero, escribe un poema sobre tu idea.

Luego, haz la melodía de tu canción.

Por último, es momento de compartir tu canción.

Explicación

Una **explicación** es un escrito que explica algo o indica cómo y por qué sucedió algo. Cuando escribes una explicación, proporcionas información a los lectores sobre un tema específico.

Partes de una explicación

- Una introducción que mantiene a los lectores interesados en el tema
- Un desarrollo que tiene un orden lógico para presentar datos y ejemplos que explican el tema
- Una conclusión que resume la explicación de manera que tenga sentido

¿De dónde viene el chocolate?

Introducción
Atrae la atención de los lectores.

Un estadounidense típico come diez libras de chocolate al año. Eso es mucho chocolate y mucho trabajo para quienes hacen el chocolate. Entonces, ¿cómo se hace exactamente el chocolate?

El chocolate comienza como granos de cacao. Los granos provienen de árboles de cacao que crecen en granjas en países que están cerca del ecuador. Cada árbol produce muchas vainas grandes y anaranjadas con forma de calabaza alargada. Los granos de cacao están dentro de las vainas. Los granos de cacao son las semillas del árbol.

Desarrollo
Contiene información que está presentada de una manera lógica.

Primero, los trabajadores cosechan las vainas maduras usando cuchillos largos sujetos a varas largas. Luego, abren las vainas y sacan lo que está en el interior. Los granos de cacao están recubiertos por una pulpa que tiene un olor dulce alimonado. Después de eso, los trabajadores colocan los granos en cajas poco profundas o en pilas. Parte de la pulpa queda en los granos. Luego, los trabajadores cubren los granos con hojas de plátano. Después de

Otras palabras de transición
Cuando
Antes
Durante
Después de un rato
Mientras tanto
Luego
Al final

aproximadamente una semana bajo el sol, la pulpa se descompone y los granos comienzan a tener sabor a chocolate. Después, los trabajadores ponen los granos en esterillas de bambú para que se sequen. Los granos se secan durante varios días. Durante el proceso de secado, los granos pierden la mayor parte de la humedad y casi la mitad de su peso. Los granos secos son duros. Tienen un centro color café oscuro y huelen a chocolate. Ahora los trabajadores ponen los granos de cacao en sacos. Colocan los sacos en camiones, botes y aviones, y los envían a las fábricas de chocolate de todo el mundo.

Por último, los chocolateros de las fábricas tuestan los granos y los muelen. Los granos molidos de cacao se convierten en una pasta líquida espesa. El líquido se convierte en chocolate sólido sin azúcar, manteca de cacao ni polvo de cacao. Se pueden agregar otros ingredientes para endulzar el chocolate y agregarle sabor.

Conclusión
Resume la explicación de manera que tenga sentido.

Se requiere mucho trabajo para convertir los granos de cacao en chocolate. Pero una vez que tienes el chocolate, puedes convertirlo en tartas, dulces, helados y galletas. El chocolate sin azúcar puede mezclarse con ingredientes como cebolla, ajo y chiles picantes para preparar una salsa para platos mexicanos. Sin importar cómo se use, el chocolate es uno de los alimentos más deliciosos que comerás en tu vida.

Informe de observación para ciencias

Un **informe de observación para ciencias** indica lo que has aprendido después de completar un experimento de ciencias.

Partes de un informe de observación para ciencias

- El propósito del experimento
- Tu hipótesis
- Los materiales que necesitas para el experimento
- El procedimiento que seguiste
- Tus observaciones durante el experimento
- Tus conclusiones, o lo que aprendiste

Propósito
Indica qué intentas averiguar.

Hipótesis
Indica qué crees que sucederá.

Materiales
Indican qué necesitas para hacer el experimento.

Procedimiento
Indica qué hiciste paso a paso.

¿La temperatura afecta a las palomitas de maíz?

Propósito: Averiguar si la temperatura de almacenamiento de las palomitas de maíz para microondas afecta la manera en que revientan.

Hipótesis: Creo que las palomitas de maíz reventarán mejor si están a temperatura ambiente.

Materiales: Nueve bolsas de palomitas de maíz para microondas (mismo tipo y misma fecha de vencimiento)
Mesada de cocina
Refrigerador
Congelador
Horno microondas
Bandeja para galletas
Marcador indeleble, cuaderno y lápiz

Procedimiento:

1. Usé el marcador para rotular 3 bolsas de palomitas de maíz "congelador", 3 "refrigerador" y 3 "temperatura ambiente".
2. Luego puse las bolsas "congelador" en el congelador,

Enumerar los pasos hace que seguir el procedimiento sea fácil.

las bolsas "refrigerador" en el refrigerador y las bolsas "temperatura ambiente" en la mesada de la cocina.

3. Esperé 24 horas.

4. Después de eso, saqué una bolsa del congelador y la cociné durante 80 segundos.

5. Después, esparcí las palomitas de maíz sobre la bandeja para galletas, conté los granos que reventaron y los que no reventaron, y observé cómo se veían las palomitas de maíz. Anoté la información en mi cuaderno.

6. Por último, repetí esto con cada una de las bolsas de palomitas de maíz.

Observaciones
Indican qué viste, u observaste, mientras hacías el experimento.

Observaciones: Las mejores palomitas de maíz fueron las del congelador. Las palomitas se veían más grandes y la mayoría de los granos reventó. Las palomitas de maíz del refrigerador y de la mesada de la cocina se veían igual, pero las palomitas de maíz del refrigerador tenían menos granos reventados que las palomitas de maíz de la mesada de la cocina.

Conclusión
Indica qué aprendiste y si tu hipótesis era correcta.

Conclusión: Mi hipótesis era incorrecta. Las palomitas de maíz revientan mejor cuando están frías.

Observa cómo el autor de este escrito:

- Anotó los resultados en su cuaderno.

- Incluyó información precisa y completa.

  Este escritor también podría haber escrito en el cuaderno cuántas tazas de palomitas salieron de cada bolsa que cocinó.

- Comparó y escribió datos sobre cada bolsa de cada serie (congelador, refrigerador, mesada).

Informe de investigación

Un **informe de investigación** tiene datos y detalles de fuentes externas para informar a los lectores sobre un tema.

Partes de un informe de investigación

- Una introducción que indica el tema del informe
- Un desarrollo con datos y detalles que apoyan la idea principal
- Información de fuentes externas, como libros, revistas e Internet
- Una conclusión que resume el punto principal

Introducción
Indica de qué tratará el informe y atrae el interés del lector.

Idea principal

Desarrollo
Incluye datos y detalles que apoyan la idea principal.

Prehistoric Trackways: un camino al pasado

Los Estados Unidos tienen muchos lugares con valor histórico y cultural. Algunos lugares son tan importantes que el gobierno los protege nombrándolos monumentos nacionales. Uno de los más recientes es el monumento nacional Prehistoric Trackways, cerca de Las Cruces, Nuevo México.

Este monumento nacional tiene fósiles que datan de hace más de 280 millones de años. El Museo Mundial de Historia Natural dice que un científico llamado Jerry MacDonald descubrió los fósiles. En 1987, estaba caminando por las montañas Robledo cuando encontró en las rocas huellas fosilizadas de animales. Desde entonces, ha trabajado para poner los fósiles al descubierto y estudiar los animales que las hicieron. Su descubrimiento resultó ser la colección mundial más importante de huellas fósiles. Vienen de una época de la Tierra llamada período Pérmico. De acuerdo con la Oficina de Administración de Tierras de

Otras palabras de transición
Primero
A continuación
Después de eso
Durante
Después de un rato
Mientras tanto
Después
Por último

Fuente de información
Indica dónde se encontró información específica.

Nuevo México, el monumento contiene fósiles de anfibios, reptiles, insectos, plantas y madera petrificada.

Hay un libro sobre el monumento llamado *Traces of a Permian Seacoast*. El libro dice que el período Pérmico fue hace 251 a 299 millones de años. En ese entonces, todos los continentes de la Tierra estaban unidos en un supercontinente llamado Pangea. Nuevo México estaba cerca del ecuador. Un mar tropical poco profundo cubría su parte sur. Por eso es que algunos de los fósiles del monumento nacional Prehistoric Trackways pertenecen a animales marinos como los braquiópodos.

Entre los animales antiguos que vivieron a lo largo de la costa hace mucho hay distintos tipos de peces, insectos, arañas y escorpiones. También vivían allí anfibios, como serpientes y salamandras. Además, había depredadores gigantes como el feroz dimetrodon con una vela de espinas en la espalda. Los fósiles de todos estos animales pueden encontrarse en este nuevo monumento. También contiene fósiles de maderas, árboles y otras plantas. Algunas de las plantas eran como las que vemos hoy. La planta walchia probablemente era como el actual pino Norfolk.

Jerry MacDonald estaba preocupado de que los excursionistas y los vehículos todo terreno destruyeran todos estos valiosos fósiles, así es que le pidió al gobierno de los Estados Unidos que los protegiera. En 2009, el Congreso estuvo de acuerdo en convertir esta área en monumento nacional.

Conclusión
Resume los puntos principales del informe.

El monumento nacional Prehistoric Trackways es tan nuevo que no hay carteles, senderos para caminar ni caminos llanos. Se está trabajando para cambiar esto. Por ahora, la gente puede hacer excursiones, montar a caballo y conducir vehículos todo terreno para ver algunas partes del monumento. La mayoría de los fósiles pueden verse en la colección paleozoica de Jerry MacDonald en el Museo de Historia Natural y Ciencia de Nuevo México.

Gráficas, diagramas y tablas

Las **gráficas**, los **diagramas** y las **tablas** son útiles para mostrar datos y hacer comparaciones. Un informe o un resumen pueden mejorarse con estos tipos de organizadores gráficos.

Gráficas y tablas
Se usan para comparar o mostrar cómo cambió algo con el transcurso del tiempo.

Gráficas de barras
Tienen barras verticales u horizontales que comparan la cantidad de algo.

Estudiantes de cuarto grado en el coro, 2010-2012

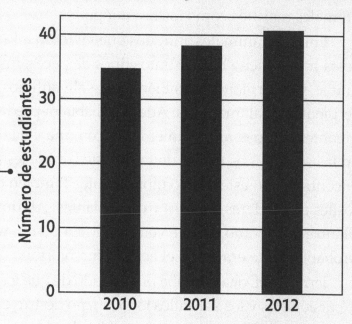

En esta gráfica de barras se compara el número de estudiantes de cuarto grado que había en el coro en los años 2010, 2011 y 2012.

Gráficas lineales
Usan líneas rectas en una cuadrícula para mostrar o comparar la cantidad de algo.

Tabla de la temperatura diaria de Chicago

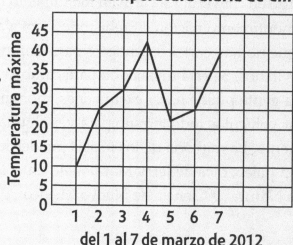

Esta gráfica lineal muestra la temperatura máxima en Chicago del 1 al 7 de marzo de 2012.

Gráficas circulares
Son círculos cortados en partes, como una torta. Son las mejores para representar porcentajes.

Estudiantes que participan en el programa de platos calientes

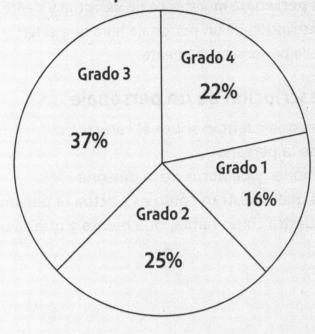

Esta gráfica circular muestra el porcentaje de estudiantes de primer a cuarto grado que participan en el programa de platos calientes.

Un diagrama puede usarse para representar un resumen de un cuento.

Diagramas
Se usan para representar ideas o para mostrar cómo funciona algo.

Observa que cada gráfica, diagrama y tabla tiene un título y rótulos.

Resumen del cuento

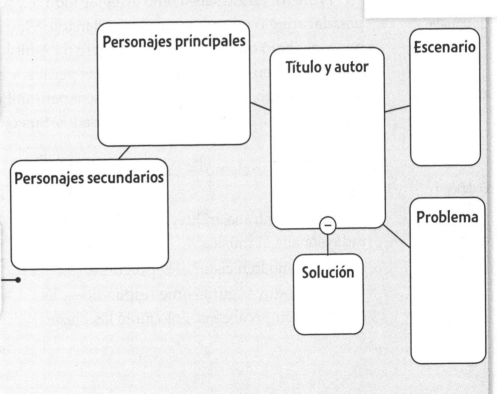

Descripción de un personaje

La **descripción de un personaje** muestra cómo es, actúa y siente alguien. Una buena descripción de un personaje hará que el lector se cree una imagen de la persona en su mente.

Partes de la descripción de un personaje

- Ideas principales que cuentan sobre el carácter, o personalidad, de la persona
- Ejemplos de acciones y palabras de la persona
- Detalles vívidos que muestran cómo es y actúa la persona
- Diálogo que muestra cómo habla, qué piensa y qué siente la persona

Comienzo
Indica la idea principal sobre el carácter de la persona.

Desarrollo
Contiene ejemplos y detalles que apoyan la idea principal.

El diálogo muestra cómo habla y qué siente la persona.

La increíble Lizzie

Mi amiga Lizzie podría ser la niña más inteligente del mundo. Lo más curioso es que ella no parece saberlo.

Primero, Lizzie sabe cómo arreglar todo. La semana pasada, arregló mi radio que estaba dañada. Vino a jugar a mi casa y notó que la radio estaba sobre mi repisa. Le dije que el volumen no funcionaba. Giró las perillas y empujó los botones. Luego, bajó la radio y se puso a pensar. Entrelazó uno de sus rulos color café entre sus dedos. Sus ojos verdes brillaron.

—¡Ajá! —exclamó—. ¡Ya sé cuál es el problema!

Se puso a trabajar. En cinco minutos, en mi radio sonaba la música.

—¿Cómo lo hiciste? —le pregunté.

—No estoy segura —me respondió—. Es como un rompecabezas. Solo junté las piezas.

Palabras sobre la personalidad
Risueño
Torpe
Alegre
Nervioso
Amigable
Mandón
Pensativo
Amable

Fue la misma respuesta que recibí cuando Lizzie arregló la impresora, la TV y la tostadora.

Segundo, Lizzie sabe algo sobre todo. Puede decirte cómo se forman las nubes y cuántos tipos de aves hay en Canadá. ¿Quieres saber cómo se construyen los puentes? Solo pregúntale a Lizzie. A veces solo da respuesta cortas, como lo hizo con la radio. Otras veces se emociona y no para de hablar. Una vez le pregunté cómo se hacían los dulces. Durante los siguientes veinte minutos, me contó todo sobre las fábricas de azúcar y de dulces. Algunos pueden creer que esto es fastidioso. Pero Lizzie hace que aprender sea divertido. A veces incluso hace buenas bromas.

—¿Por qué algunas personas echan azúcar sobre la almohada? —me preguntó esa vez—. Para tener dulces sueños. —Luego se inclinó hacia atrás muerta de la risa.

Lizzie nunca presume por ser inteligente. Lizzie dice que todos sabemos algo que otros no. Creo que tiene razón. Pero para mí, Lizzie es la más inteligente del mundo.

> **Las descripciones vívidas muestran cómo actúa y se siente la persona.**

> **Final**
> Repasa la idea principal de la descripción del personaje.

Observa cómo la autora de este escrito:

- Describió la apariencia de la persona al mencionar su cabello y el color de sus ojos.

Otra manera de describir la apariencia de una persona es diciendo su edad, la ropa que usa o sus características físicas únicas.

Nadie cree que Lizzie tiene nueve años porque es muy alta.

Lizzie siempre usa zapatos deportivos y pantalón corto.

Lizzie tiene pecas por toda la nariz y un hoyuelo en su mejilla derecha.

Relato personal

Un **relato personal** cuenta sobre un suceso interesante o importante de la vida del escritor. Un relato personal acerca de la vida del escritor también puede llamarse autobiografía.

Partes de un relato personal

- Un comienzo que atrae la atención de los lectores y hace que quieran leer más
- Sucesos reales contados en orden cronológico
- Descripciones vívidas de las personas y los sucesos del relato
- Un punto de vista en primera persona
- Un final que resume el relato o dice cómo se sentía el escritor

Una carrera para el recuerdo

Comienzo
Atrae a los lectores al relato.

"¿Realmente podré hacer esto?", me pregunté. Había pasado un mes preparándome para esta competencia de natación. Pero aún sentía que no podía hacerlo. Tenía que nadar 100 yardas. ¡Eso equivale a nadar cuatro largos en la piscina! Para empeorar las cosas, otra vez tenía que nadar contra Rosalie. Nunca le había ganado a Rosalie en una carrera, y no había nada que quisiera más.

Otras palabras de transición
Primero
A continuación
Después de eso
Durante
Después de un rato
Mientras tanto
Después
Al final

Desarrollo
Cuenta sobre los sucesos en el orden en que ocurrieron.

Caminé hacia el cubo en el borde de la piscina. Rosalie ya estaba parada en el cubo del carril de mi izquierda. ¡Oh no! ¡Nadaríamos una al lado de la otra! Rosalie sonrió y saludó. Sentí mariposas en el estómago. Le devolví el saludo. Luego me puse las gafas para nadar y me preparé para zambullirme en la piscina.

Las descripciones vívidas muestran qué ve, escucha o siente el escritor.

Estos párrafos desarrollan la acción.

Los detalles interesantes muestran qué sucede o qué siente el escritor.

Final
Dice cómo terminó la historia y cómo se siente el escritor.

—Nadadores, en sus marcas —anunció el juez de salida. Me incliné hacia delante hasta que las puntas de mis dedos tocaron el cubo. ¡Bip! Sonó el timbre de partida. ¡La carrera había comenzado! Me zambullí en el agua fría y nadé lo más rápido que pude. Veía a Rosalie cada vez que tomaba aire. Ya me había pasado. Nadé con mis brazos lo más fuerte que pude. Pataleé con todas mis fuerzas. Al comienzo del segundo largo ya íbamos cabeza a cabeza.

Fue entonces cuando las cosas se pusieron difíciles. Mi cuerpo se cansó rápidamente y me costaba respirar. Mis piernas y brazos comenzaron a acalambrarse. Ya no sabía si Rosalie estaba delante o detrás de mí. ¿Lo lograría? Sabía que tenía que continuar. Di la vuelta al final del tercer largo. Solo faltaba un largo.

Entonces, pude oír al público vitorear. Eso me dio el empujón adicional que necesitaba. Nadé más rápido que lo que jamás había nadado. Al final, mi mano tocó la pared. La larga carrera había terminado.

Cuando saqué mi cabeza fuera del agua, vi a Rosalie. Estaba mirando el tablero de puntuación que estaba al final de la piscina. Mostraba que Rosalie había ganado la carrera. Lo bueno es que realmente no me importó. En cierta manera, yo también había ganado. No solo terminé la carrera, sino que batí mi mejor tiempo. Nunca me había sentido tan orgullosa. Esta realmente fue una carrera para el recuerdo.

Biografía

Una **biografía** es una historia real que cuenta los sucesos principales de la vida de una persona. Explica por qué la persona es especial o interesante, o cómo esa persona marcó una diferencia.

Partes de una biografía

- Un comienzo que presenta la persona a los lectores
- Un desarrollo con datos y detalles interesantes sobre la persona
- Sucesos contados en orden cronológico, o secuencia
- Un final que resume la biografía o agrega un pensamiento final

Comienzo
Cuenta por qué la persona es importante o interesante.

Desarrollo
Cuenta datos y detalles interesantes en un orden cronológico.

Matthew Henson: explorador del Ártico

Matthew Henson se paró en la nieve. Le había tomado 20 años, pero finalmente "estaba en la cima del mundo". Henson fue la primera persona en llegar al Polo Norte. Llegó a ser conocido como uno de los más grandes exploradores.

Matthew Henson, hijo de padres africanos y estadounidenses, nació en Baltimore, Maryland, en 1866. Sus padres murieron antes de que él cumpliera 13 años. Henson estaba solo en el mundo. Dormía en el suelo del restaurante donde trabajaba. Luego, en 1879, su vida cambió. Un capitán contrató a Henson para que trabajara en su barco. Henson pasó su adolescencia aprendiendo a leer mapas y a navegar barcos.

En 1887, Henson conoció a un explorador llamado Robert Peary. Peary contrató a Henson para que fuera con él a Nicaragua y dibujara mapas de la selva. Juntos, viajaron por América Central durante los siguientes dos años. Cuando el viaje terminó, Peary

Otras palabras de transición
Primero
A continuación
Después de eso
Durante
Después de un rato
Mientras tanto
Luego
Al final

decidió perseguir su sueño más grande. Quería ser la primera persona del mundo en llegar al Polo Norte. Le pidió a Henson que fuera con él.

Entre 1891 y 1908, Peary y Henson intentaron llegar al Polo Norte en cuatro oportunidades. En cada intento, comenzaron su viaje en campamentos con base en Groenlandia o Canadá. Luego, viajaron hacia el norte. Los viajes eran muy peligrosos. Hacía mucho frío y el viento soplaba muy fuerte. También tenían problemas para encontrar alimentos. No obstante, Henson se hizo fuerte. Se hizo amigo de esquimales y aprendió mucho de ellos. Aprendió a cruzar senderos, a cazar y a hacer ropa con piel de animales. Henson incluso aprendió a construir trineos y a manejar un equipo de perros. Estas habilidades ayudaron a los hombres a sobrevivir.

En abril de 1909, Peary y Henson intentaron llegar al Polo Norte por última vez. No tenían suficientes suministros y solo podían hacer un viaje. Henson conducía el trineo guía y se movía rápidamente. En cinco días, Henson recorrió más de 200 millas. Henson llegó al Polo Norte antes que Peary. Henson se convirtió en la primera persona en llegar a lo que se conoce como la cima del mundo.

Desafortunadamente, Henson no tenía mucho tiempo para celebrar. La gente no creía que él y Peary hubieran llegado al Polo Norte. Ellos debían probar que decían la verdad. Entonces, Peary tomó todo el crédito. Dijo que él había sido el primero en llegar al Polo Norte.

Al final, en 1937, la gente se enteró de la verdad. Henson recibió muchos reconocimientos por eso, entre ellos la medalla de honor del Congreso. Incluso nombraron escuelas y un barco en su honor. Matthew Henson murió en 1955. Aún se lo recuerda como uno de los más grandes exploradores del mundo.

Es importante mantener a los lectores interesados con relatos sobre lo que vivió la persona.

Final
Resume la biografía y agrega un pensamiento final.

Ficción narrativa

Una **ficción narrativa** es un cuento inventado sobre personajes que resuelven un problema.

Partes de una ficción narrativa

- Una trama con un problema o un misterio por resolver
- Uno o más personajes que trabajan para intentar resolver el problema
- Detalles sobre cómo son los personajes y dónde tiene lugar el cuento
- Un final que dice cómo los personajes resolvieron el problema

Comienzo
Presenta a los personajes, el escenario y el problema.

La trama tiene un suceso misterioso o un problema que se debe resolver.

Misterio debajo de la escuela

Estaban construyendo un nuevo gimnasio en la escuela y la clase de la señorita Arnold fue a ver el sitio de construcción. Caminaron por el área, mirando cómo los trabajadores cavaban el suelo para colocar los cimientos. Mientras caminaba por ahí, Sarah vio algo brillante en el suelo. Era una moneda, pero no se parecía a ninguna moneda que hubiera visto antes. Rob también vio algo metálico en el suelo y, después de cavar, descubrió una vasija maltrecha de metal.

—¿Qué crees que sean estas cosas? —preguntó Rob.

—No lo sé —dijo Sarah—. Veamos si alguno de los que trabajan aquí las dejó olvidadas.

Sarah y Rob le mostraron la moneda y la vasija al maestro de obras de la construcción. Él dijo que no podían ser de ninguno de los trabajadores, porque nadie tenía permitido llevar metal a la obra debido al tipo de maquinaria que usaban. Sarah y Rob se quedaron estupefactos, pero decidieron que querían saber más.

Otras palabras de transición
Primero
A continuación
Después de eso
Durante
Después de un rato
Mientras tanto
Después
Al final

Los detalles dan pistas sobre el misterio y cómo lo resuelven los personajes.

Desarrollo
Incluye detalles sobre cómo los personajes resuelven el problema.

Final
Muestra cómo los personajes resolvieron el problema.

—Niños, ¿por qué no hacen una pequeña investigación en la ciudad? —sugirió la señorita Arnold.

Sarah fue a la biblioteca y buscó un libro sobre monedas antiguas. El libro tenía una foto de una moneda de 1817 que se veía igual a la que ella había encontrado. Descubrió que los primeros habitantes de la ciudad usaban esas monedas.

Rob fue a la Sociedad de Historia de la ciudad. Le mostró la vasija a un historiador que sabía mucho sobre el área. El historiador le dijo:

—Una vez hubo un fuerte en ese lugar. Muchos de los primeros pobladores de nuestra ciudad vivieron allí.

Sarah y Rob compararon lo que habían encontrado y estuvieron de acuerdo en que estaban bien cuidadas.

—No puedo creer que tocamos algo tan antiguo —dijo Rob.

—¡Qué emocionante! —dijo la señorita Arnold cuando Sarah y Rob compartieron lo que habían investigado.

—¿Quién hubiera imaginado que había tanta historia debajo de nuestra escuela?

Observa cómo el autor de este escrito:

- Mencionó a los personajes y el problema en la introducción.

  Otra manera en que podría haber presentado la historia es conectando al lector con un suceso interesante.

  Sarah encontró algo brillante en el suelo, y resultó ser algo inesperado: ¡una moneda distinta a las que había visto antes!

- Usó detalles para mostrar cómo Rob y Sarah resolvieron el misterio:

  Sarah fue a la biblioteca y buscó un libro sobre monedas.
  Rob fue a la Sociedad de Historia de la ciudad.

Obra de teatro

Una **obra de teatro** es una historia representada por actores frente a un público. Las escenas, los diálogos y las acciones de los personajes cuentan toda la historia.

Partes de una obra de teatro

- Descripciones de los personajes y el escenario
- Líneas de diálogo que muestran lo que dicen los actores
- Acotaciones que describen qué hacen los actores o cómo deben decir sus líneas
- Utilería, u objetos que hacen que la escena sea más realista

El escenario indica dónde y cuándo tiene lugar la obra de teatro.

ESCENA UNO *(Una noche oscura en un camino del campo en 1776. Un soldado británico bloquea el camino, parte derecha del escenario. Dos niños estadounidenses de 10 años entran por el lado izquierdo del escenario. Se esconden detrás de un árbol).*

TOM: *(Susurra).* Si vamos a llevarle esta nota al general Washington, debemos superar al guardia. Eso no será sencillo.

El diálogo relata lo que dicen los personajes.

JAMES: *(Susurra).* Sí, el guardia parece inaccesible. ¿Cómo vamos a superarlo?

TOM: *(Susurra).* No lo sé.

JAMES: *(Susurra).* Debemos engañarlo. Haré que mire en otra dirección mientras tú pasas a hurtadillas.

TOM: ¡Es un buen plan! ¡Solamente ten cuidado!

Otras palabras que indican cómo se deben decir las líneas
Grita
Jadea
Con gran enfado
Alegremente
Ríe
Suspira
Llora

JAMES: *(Grita mientras corre hacía el guardia).* ¡Ey, usted!

Utilería

GUARDIA: *(Levanta su arma).* ¡Alto! ¿Quién anda ahí?

JAMES: ¡No dispare! ¡Oh, ayúdeme señor! ¡Me persigue un horrible monstruo! Tiene enormes colmillos y ojos rojos. Dice que tiene ganas de comer un soldado británico.

GUARDIA: *(entre risas)* ¡Por favor! ¿Dices que quiere comer un soldado británico? Increíble. ¿Dónde está?

JAMES: *(Señala hacia el público).* ¡Ahí está!

Las acotaciones son instrucciones para los actores.

El guardia voltea a mirar. Tom pasa a hurtadillas detrás del guardia, sale de escena. James sale corriendo detrás de Tom.

Observa cómo el autor de este escrito:

- Hizo que el diálogo pareciera una conversación real.

  ¡Es un buen plan! ¡Solamente ten cuidado!
  ¡Por favor! ¿Dices que quiere comer un soldado británico? Increíble.

- Usó utilería y acotaciones para la escena.

  Ejemplos: Los personajes se esconden detrás de un árbol. El guardia tiene un arma. Los personajes susurran, ríen y corren por el escenario.

Cuento fantasioso

Un **cuento fantasioso** es un cuento sobre héroes que son más grandes que lo que se podría ser en la vida real. Hacen cosas que ninguna persona real haría.

Partes de un cuento fantasioso

- Un personaje principal, o héroe, que es más grande y fuerte que una persona real
- Un problema que resuelve el héroe de manera graciosa o inaudita
- Podría basarse en un personaje histórico al que hacen parecer superfuerte o supergrande.

Comienzo
Presenta el cuento y menciona el problema.

Desarrollo
Indica cómo el héroe resuelve el problema.

Final
Muestra cómo el héroe resolvió el problema.

Paul Bunyan cruza el océano

Una vez, Paul Bunyan y sus amigos de tamaño real se dirigían al océano. Debían cruzar al otro lado para poder llevar suministros a sus amigos de otro continente. Cuando llegaron a la costa, no había un bote a la vista. Esperaron durante diez días y diez noches. Aun así, no apareció ningún bote.

Paul quería ayudar. Miró por los alrededores pero no encontró nada para usar como bote. Luego miró sus dos inmensos pies y tuvo una idea. Se quitó los zapatos y metió a la mitad de sus amigos en el zapato derecho y a la otra mitad en el izquierdo. Los hizo a la mar con un gran tirón. Paul nadó al lado de ellos para asegurarse de que sus zapatos no se voltearan.

Al final, llegaron a la orilla opuesta. Todos llegaron sanos y salvos, y ninguno de los suministros cayó al agua. ¡Paul Bunyan los salvó!

Otras palabras de transición
Al principio
A continuación
Después
Después de un rato
Mientras tanto
En último lugar
Por último
Finalmente

Mito

Un **mito** es una historia inventada que explica por qué sucede algo o cuál fue el origen de algo. Los personajes de los mitos suelen ser dioses, diosas, monstruos y héroes con poderes o habilidades especiales.

Partes de un mito

- Un comienzo que presenta a los personajes y el escenario
- Sucesos naturales y personajes extraños
- Un problema o conflicto
- Un final que explica cómo se resuelve el problema

Comienzo
Presenta el escenario y los personajes.

Hace mucho tiempo, una joven mujer llamada Aracne vivía en una pequeña aldea de Grecia. Se decía que Aracne era tan diestra tejiendo que seguramente la había entrenado la diosa Atenea. A Aracne no le gustaba escuchar eso. Decía que Atenea no podía tejer como ella. Esto hizo que Atenea se enfureciera. Atenea visitó a Aracne y la desafió a una competencia de tejido. Aracne aceptó.

Los personajes tienen un problema o conflicto.

Durante semanas, Aracne y Atenea trabajaron mucho. Sin embargo, Aracne decía que su trabajo era mucho mejor que el de la diosa. Atenea no podía soportar ni un minuto más que Aracne hiciera tanto alarde.

—¡Tú, niña odiosa! —gritó Atenea—. Si tanto te gusta tejer, haré que tengas que tejer por siempre.

Dicho esto, Atenea convirtió a Aracne en una araña.

Final
Cuenta cómo se resolvió el problema.

Ahora, Aracne y todos sus descendientes iban a tener que hilar redes hasta el final de los tiempos. Así es como aparecieron las arañas.

Otras palabras de transición
Primero
A continuación
Después de esto
Mientras
Después de un rato
Mientras tanto
Luego
Por último

Ensayo de opinión

Un **ensayo de opinión** dice qué piensa el escritor sobre un asunto o tema. El escritor también da razones fuertes para apoyar la opinión.

Partes de un ensayo de opinión

- Una introducción que expresa la opinión
- Razones sólidas que apoyan la opinión
- Detalles y ejemplos que apoyan las razones
- Una conclusión que repite la opinión de una manera nueva

Introducción
Enuncia la opinión del escritor.

Las razones dicen por qué el escritor se siente así sobre un tema.

Desarrollo
Incluye hechos y opiniones que explican y aportan las razones.

Feria de la cosecha

Me encanta que mi escuela tenga tantos eventos divertidos. Tenemos un concierto de invierno y una muestra de arte de los estudiantes. También tenemos un día deportivo cuando llega la primavera. Pero el mejor evento de la escuela es la Feria de la cosecha.

Para comenzar, la Feria de la cosecha tiene un decorado fantástico. Cintas rojas, anaranjadas y amarillas cubren las paredes y las puertas. El gimnasio queda cubierto de montones de globos negros y dorados. Los maestros y los padres colocan fardos de paja y calabazas por todo el patio de la escuela. También hay espantapájaros con ropas graciosas y sombreros. Todas estas decoraciones hacen que la gente se emocione con el otoño.

En la Feria de la cosecha también hay comida deliciosa. Los padres y los maestros cocinan perros calientes, pollo y vegetales en una gran parrilla al aire libre. Estas comidas siempre se sirven calientes y son deliciosas. Pero si sigues con hambre, aún hay más comidas para disfrutar. Hay bolsas de palomitas de maíz y semillas tostadas de calabaza. El año pasado, incluso tuvimos

Otras palabras de transición
Primero
A continuación
Entonces
Una razón
La segunda razón
Después de eso
Durante
Al final
Finalmente

Las descripciones claras convencen a los lectores para que estén de acuerdo con la opinión.

una gran mesa con tazones de fruta, tartas y otras delicias. Por supuesto, las manzanas acarameladas son mi comida preferida de la Feria de la cosecha. Algunas solo están cubiertas con caramelo. Otras están cubiertas con chispas de chocolates o maní.

Por último, en la Feria de la cosecha hay muchos juegos divertidos. En uno de los juegos, lanzas una pelota de ping pong para intentar meterla en una pecera redonda con un pez de colores. Si lo logras, ganas el premio y te llevas el pez de colores a casa. En otro juego, puedes ganar un premio al correr con un huevo en una cuchara sin dejarlo caer. También hay un concurso de comer pasteles. Me paso toda la tarde jugando los juegos en la Feria de la cosecha y aún así al final del día no me quiero ir.

Conclusión
Repite el enunciado central de una manera nueva.

Mi escuela tiene muchos eventos geniales durante el año. Pero nada le gana a la Feria de la cosecha. Después de todo, ¿en qué otro lugar puedes ver decoraciones hermosas, comer comidas deliciosas y jugar juegos emocionantes?

Observa cómo el autor de este escrito:

- Dio una razón en la oración principal de cada párrafo.

  Para comenzar, la Feria de la cosecha tiene un decorado fantástico.
  Por último, en la Feria de la cosecha hay muchos juegos divertidos.

- Usó un lenguaje y detalles claros para convencer a los lectores de que sus razones tienen sentido.

  __Cintas rojas, anaranjadas y amarillas__ cubren las paredes y las puertas.
  Todas estas decoraciones __hacen que la gente se emocione__ con el otoño.
  Estas comidas siempre se sirven __calientes__ y son __deliciosas__.

Ensayo persuasivo

Un **ensayo persuasivo** expresa la opinión del escritor sobre un asunto o un tema. El escritor da razones para apoyar la opinión e intenta convencer a los lectores de que actúen o piensen de determinada manera.

Partes de un ensayo persuasivo

- Una introducción que indica cuál es la opinión y el objetivo del escritor
- Razones que apoyan la opinión del escritor
- Detalles, datos o ejemplos que explican cada razón
- Una conclusión que resume el objetivo y las razones del escritor

Introducción
Dice la opinión y el objetivo del escritor.

Las razones apoyan la opinión.

Observa cómo el escritor responde las preguntas o dudas que los lectores puedan tener.

¡Recreo!

Los estudiantes de nuestra escuela tienen dos recreos por día. Hay un recreo de 15 minutos a la mañana. Después hay un recreo de 20 minutos para almorzar. Esto no es suficiente tiempo para que los niños corran y jueguen. La escuela debería agregar otro recreo al día.

Antes que nada, los estudiantes están en la escuela casi siete horas todos los días. ¡Eso es mucho tiempo! Piénsalo. ¿Acaso a algún adulto le gustaría estar sentado siete horas en un escritorio y tener solo 35 minutos de descanso? ¡Por supuesto que no! Es incluso más difícil para los niños. Tenemos mucha energía y necesitamos estar en movimiento. Algunos podrán decir que la clase de educación física les da a los estudiantes tiempo adicional para que corran y jueguen. Sin embargo, realmente no es cierto. En mi escuela no hay clases de educación física todos los días. Además, educación física sigue siendo una clase. No es un recreo.

En segundo lugar, agregar otro recreo al día de clase ayudaría a que los niños se mantengan sanos.

Otras palabras de transición
Para comenzar
Luego
Aparte
A continuación
Al igual que
Por ejemplo
Entonces
Al final

Los detalles, los datos y los ejemplos explican o apoyan las razones.

Los niños juegan baloncesto y fútbol durante el recreo. También juegan a la roña y trepan por la soga del gimnasio. Todas estas son excelentes formas de hacer ejercicio. El ejercicio es una parte importante de mantenerse en forma. La mejor parte es que los niños no ven el tiempo de recreo como tiempo para hacer ejercicio. Solo piensan que se están divirtiendo.

La razón más fuerte por lo general se da al final.

En último lugar, tener un recreo adicional ayudará a los estudiantes en el salón de clases. Después de estar mucho tiempo en el salón de clases, me cuesta pensar. Además, algunos niños se vuelven bulliciosos. Comienzan a hablar con los amigos. Se mueven en su silla. Esto no es bueno para el maestro ni para los estudiantes. Sin embargo, creo que los niños se comportarían mejor si tuvieran otro recreo. Les permitiría gastar energías. Podrían concentrarse más y enfocarse en su trabajo en la escuela.

Conclusión Resume el objetivo y las razones del escritor.

Nuestra escuela debería agregar otro recreo al día de clase. Les daría a los niños el descanso que tanto necesitan. Los ayudaría a estar sanos. Por último, los ayudaría en el salón de clases. ¿No te parece que esto es tan importante como las matemáticas y la lectura? ¡A mí sí!

Observa cómo la autora de este escrito:

- Da detalles y ejemplos que explican y apoyan sus razones.

  Otra manera en que podría haber apoyado sus razones es agregando datos y citas.

  Nueve de cada 10 niños dicen que no tienen suficiente tiempo de recreo.
  El señor Martin, uno de los maestros de cuarto grado, dijo: "Los niños parecen trabajar más en el salón de clases cuando tienen tiempo para jugar afuera".

- Usa lenguaje claro para convencer a los lectores.

  ¿Acaso a algún adulto le gustaría estar sentado siete horas en un escritorio y tener solo 35 minutos de descanso? ¡Por supuesto que no!

Respuesta a la literatura: Obra de teatro

Una **respuesta a una obra de teatro** trata sobre una obra de teatro que has leído o visto, y la opinión que tienes sobre ella.

Partes de una respuesta a una obra de teatro

- Una introducción que expresa una opinión sobre la obra de teatro
- Razones que explican la opinión
- Detalles y ejemplos de la obra de teatro que apoyan las razones
- Una conclusión que resume la respuesta

Introducción
Enuncia el título de la obra de teatro y la opinión del escritor.

Desarrollo
Tiene razones que apoyan la opinión del escritor.

Annie

La obra musical *Annie* trata sobre una huérfana de 11 años llamada Annie. Annie ha tenido una vida difícil. Sus padres la dejaron en un orfanato cuando apenas era un bebé. Para empeorar las cosas, la directora del orfanato, la Srta. Hannigan, es una mujer muy cruel. Sin embargo, nada de esto desanima a Annie. Siempre muestra lo astuta y amable que es.

En primer lugar, Annie desarrolla un gran plan para escaparse del orfanato. Espera a que el Sr. Bundles venga a recoger la ropa sucia. Entonces, mientras él habla con la Srta. Hannigan, Annie se mete en el cesto de la ropa sucia y se cubre con sábanas. El Sr. Bundles sale del orfanato. No sabe que también se está yendo con Annie. Ella engaña tanto al Sr. Bundles como a la Srta. Hannigan.

En segundo lugar, Annie muestra lo amable y astuta que es cuando conoce a una perra callejera. Annie ve a la perra apenas se escapa del orfanato. La perra se ve asustada y

Otras palabras de transición
Además
A continuación
Después de esto
Durante
Después de un rato
Mientras tanto
Más tarde
Al final

triste, así que Annie la abraza y le canta. Luego, un perrero municipal aparece y se lleva a Sandy. Annie hace otro astuto truco. Le dice al perrero que Sandy es de ella. El perrero le cree y deja tranquila a Sandy.

Por último, Annie es muy astuta y amable con el Sr. Warbucks. Al principio, el Sr. Warbucks se ve como una persona gruñona y enojada. Sin embargo, Annie sabe que no lo es. Ella sabe que el Sr. Warbucks realmente está triste y solo. Annie hace lo que puede para alegrar al Sr. Warbucks. Le habla, le canta canciones y lo hace reír. Pronto el Sr. Warbcuks se vuelve a sentir feliz. De hecho, el buen corazón de Annie hace que el Sr. Warbucks se sienta tan alegre que decide adoptarla.

Conclusión
Vuelve a enunciar la opinión del autor .

¡Annie es una excelente obra de teatro! Todos los que vean la obra amarán lo astuta y amable que es Annie. ¡A mí me pasó!

Observa cómo la autora de este escrito:

● Escribió sobre un personaje de la obra de teatro.

Otros buenos temas para la respuesta a una obra de teatro son:

Una opinión sobre la trama: ¿La obra de teatro es muy lenta? ¿Las acciones son emocionantes?

Una opinión sobre uno o más escenarios de la obra de teatro: ¿El escenario va con el drama? ¿Creó un estado de ánimo alegre o de miedo?

● Usó detalles específicos de la obra de teatro para apoyar su opinión.

Annie se mete en el cesto de la ropa sucia y se cubre con sábanas.

La perra se ve asustada y triste, así que Annie la abraza y le canta.

Respuesta a la poesía

Una **respuesta a la poesía** explica las reacciones de un escritor hacia un poema.

Partes de una respuesta a la poesía

- Una introducción que enuncia la opinión del escritor
- Ejemplos del poema que explican la opinión
- Una conclusión que resume las ideas

Luces sobre la calle principal

Caminaba por una calle cualquiera,
observando los faroles aún apagados.
Estos formaban una hilera
que iluminaría esa noche de otoño cercano.

Las luces aún no estaban encendidas
(¡apenas habían pasado las tres!),
así que me detuve en la avenida
a mirar cosas que solo yo podía ver.

Una noche lluviosa, todo mojado,
un cielo con nubes, todo gris.
Y se enciende justo al lado
la primera luz sutil.

A la distancia, se encienden más
lámparas, luces y faroles.
Lento anochecer, aburrido por demás,
ahora todo es luz y colores.

Gente de paseo, mucha gente.
La dulce canela ya se siente.
La música comienza a oírse lentamente
Encienden la calle principal de mi mente.

"Luces sobre la calle principal"

Introducción
Presenta el poema, el escenario y el significado.

El poema "Luces sobre la calle Main" cuenta la historia de una persona que camina por una calle. Camina durante el día. Observa las luces de la calle aunque no estén encendidas. Se imagina cómo se verán las luces cuando sea de noche. La persona que camina tiene mucha imaginación. Se imagina una escena completa que no está ahí, llenando el poema con imágenes y descripciones vívidas.

Al comienzo del poema, la autora camina por una calle. Dice que es "una calle cualquiera", aunque el título del poema nombra la calle principal. Creo que usa la palabra "cualquiera" para que el poema pueda tener lugar en cualquier lado. También es muy importante que camina por una calle cualquiera porque después su imaginación la convierte en una calle especial.

Los detalles dan pistas sobre el significado del poema.

Luego, la autora dice "apenas habían pasado las tres". Esto significa que es de día y que las luces todavía no están encendidas. Quiere saber cómo son, así que las imagina. Dice "así que me detuve en la avenida / a mirar cosas que solo yo podía ver". Solo ella puede ver las escenas porque se las imagina. En este punto, yo tenía curiosidad. Se podría haber imaginado cualquier cosa. Podría haber pensado en una calle muy concurrida, con mucha gente caminando y divirtiéndose. En cambio, ella se imagina un lugar oscuro.

Otras palabras de transición
Primero
A continuación
Después de esto
Durante
Después de un rato
Mientras tanto
Luego
Al final

Desarrollo
Busca el significado del poema.

De hecho, ella ve "una noche lluviosa, todo mojado / un cielo con nubes, todo gris". La autora se imagina una tarde oscura y lluviosa. "Todo mojado" significa que ha llovido durante un largo rato. Cuando llueve poco tiempo, las cosas se mojan solo un poco. **Más adelante,** la autora ve "nubes" y "todo gris". Esto suena como el tipo de noche en la que no quieres salir porque todo está mojado y afuera no para de llover.

Después, la autora ve "la primera luz sutil". Aquí, me imagino este escenario oscuro donde todo es triste y silencioso. Y de golpe, ¡una luz! Es la primera luz en un escenario muy oscuro. Por eso dice "la primera luz sutil". Ahora, ella al menos puede ver lo que tiene enfrente. En lugar de solo ver el cielo gris, la autora puede ver la calle. Entonces, ve cómo las luces empiezan a encenderse. Esto quiere decir que la calle luce más iluminada.

Más detalles ayudan a comentar el significado del poema.

Por último, bajo la luz, todo se ve alegre. Ve a gente caminando y dentro de una tienda. También siente el olor a canela y oye música. Estos versos son muy importantes porque son las primeras personas, olores y sonidos del poema. Antes, cuando todo estaba oscuro, el poema también era oscuro, sombrío y vacío. Ahora, cuando las luces están encendidas, el poema se llena de personas y cosas que se pueden oler y escuchar.

La última línea es "Encienden la calle principal de mi mente". Me gusta que la autora diga que es la calle de su mente y no una calle cualquiera. Esta no es una "calle cualquiera" ni la calle principal. Esto muestra que la autora ahora ama la calle. Ya no está oscuro ni triste afuera. Ahora está iluminado y lleno de música. Todo esto está en su imaginación, así que creo que está realmente feliz.

Cuando terminé de leer el poema, volví a ver el título: "Luces sobre la calle principal". Observo que el foco del título no es oscuro ni lluvioso. El enfoque está en las luces. La autora nunca llega a ver las luces encendidas. Sin embargo, se imagina cómo sería. Su imaginación es muy vívida y plena. Creo que sobre esto trata el poema: encontrar emociones y satisfacción en lugares oscuros.

Conclusión
Resume la idea principal del poema.

Observa cómo la autora de este escrito:

- Termina la respuesta volviendo al comienzo (el título).

   La autora también podría haber terminado hablando sobre algo general del poema:

   Observé que las ideas de luz y oscuridad son recurrentes en el poema.

- Muestra lo que el poema no dice, pero que podría decir.

   Se podría haber imaginado una calle concurrida con gente caminando y divirtiéndose.

Respuesta a un autor

Una **respuesta a un autor** es un ensayo que explica los pensamientos y las opiniones sobre el trabajo de un autor o un estilo de escritura. Comenta dos o más trabajos escritos por el mismo autor.

Partes de una respuesta a un autor

- Una introducción que enuncia una opinión sobre el autor
- Razones que explican la opinión
- Detalles y ejemplos del trabajo del autor
- Una conclusión que resume la respuesta

Introducción
Enuncia una opinión sobre el trabajo del autor.

Desarrollo
Da razones que apoyan la opinión.

Roald Dahl

¿Alguna vez leíste un libro escrito por Roald Dahl? Si no es así, ¡deberías hacerlo! Roald Dahl es realmente un gran autor. Escribe cuentos emocionantes en los que suceden muchas cosas divertidas y extrañas.

Muchas cosas divertidas y extrañas suceden en el libro de Roald Dahl *James y el melocotón gigante*. Para comenzar, un niño llamado James se mete dentro de un melocotón que es tan grande como una casa. Siete insectos viven dentro del melocotón. ¡Todos son el tamaño de James y pueden hablar! El melocotón gigante cae al océano con James y sus amigos insectos adentro. Las gaviotas llevan el melocotón por el cielo. Luego, un ejército de hombres de nube arroja piedras de granizo al melocotón. Al final, el melocotón queda atorado en el edificio Empire State en la ciudad de Nueva York. ¡Este libro cuenta una historia muy divertida y extraña!

Otras palabras de transición
Primero
Segundo
Además
A continuación
Después de eso
Durante
Después de un rato
Mientras tanto
Después
Finalmente

Los detalles y los ejemplos explican las razones.

El libro de Dahl *El gran gigante bonachón* también cuenta un cuento inusual y divertido. En este libro, los gigantes soplan sueños dentro de las habitaciones de los niños. Un gigante bueno se lleva a una niña llamada Sofía a su casa, en el País de los Gigantes. El gran gigante bonachón y Sofía le piden a la reina de Inglaterra que los ayude a capturar a los gigantes malvados. La reina envía a un ejército para que ate a los gigantes y los arroje a un agujero inmenso. Obviamente, ninguna de estas cosas sucedería en la vida real. Solo forman parte del extraño mundo de Roald Dahl.

Matilda es otro libro de Dahl que cuenta un cuento divertido y extraño. En este libro, una niña de cinco años llamada Matilda tiene poderes especiales. Puede mover cosas con solo mirarlas. Una vez, Matilda hace que un pedazo de tiza se levante en el aire y escriba mensajes en el pizarrón. Esto asusta a la malvada directora, la Sra. Trunchbull, que sale corriendo para siempre.

Conclusión Vuelve a enunciar la opinión del autor.

Roald Dahl es mi autor preferido. Adoro las cosas divertidas y extrañas que suceden en sus cuentos. Tiene una gran imaginación. ¡Quizá tú también deberías leer sus libros!

Observa cómo el autor de este escrito:

Escribió oraciones temáticas que apoyaron su opinión sobre el trabajo del autor.

Muchas cosas divertidas y extrañas suceden en el libro de Roald Dahl, <u>James y el melocotón gigante</u>.

El libro de Dahl <u>El gran gigante bonachón</u> también cuenta un cuento inusual y divertido.

<u>Matilda</u> es otro libro de Dahl que cuenta un cuento divertido y extraño.

Reseña o informe de un libro

Una **reseña de un libro** trata sobre un libro que ya leíste. Brinda un resumen de las ideas o los sucesos principales, el escenario y los personajes.

Partes de una reseña de un libro

- Una introducción que da información básica sobre el libro, incluyendo su título, el autor y la idea principal
- Un desarrollo que trata sobre las partes más importantes del libro
- Una conclusión que resume la reseña

Introducción
Indica el título, el autor y la idea principal.

Percy Jackson y el ladrón del rayo, escrito por Rick Riordan, es el primer libro de serie *Percy Jackson y los dioses del Olimpo*. Es un cuento de ficción que cuenta las aventuras de Perseus Jackson, un niño de 12 años. Percy no es como los demás niños; es hijo del dios griego Poseidón. En este libro, Percy debe encontrar un rayo que fue robado. Si no encuentra el rayo a tiempo, los dioses irán a la guerra.

Desarrollo
Trata sobre las partes más importantes del libro en un orden cronológico.

Percy tiene muchos problemas al comienzo del libro. No se lleva bien con su padrastro y se mete en muchos problemas en la escuela. Percy tampoco puede entender por qué le suceden tantas cosas extrañas. Se sorprende cuando las personas se convierten en monstruos y lo atacan. Pronto, Percy descubre la verdad. Se entera de que es mitad humano y mitad dios. A Percy lo envían al Campamento Mestizo para que esté a salvo.

Percy aprende mucho en el Campamento Mestizo. Su maestro, Quirón, le dice que es el hijo de Poseidón, el dios griego del mar. Percy también se entera de que el dios Zeus cree que Poseidón le robó el rayo. Si el rayo no

Otras palabras de transición
Primero
A continuación
Después de eso
Durante
Después de un rato
Mientras tanto
Después
Finalmente

Estos párrafos
dan más
información
sobre el
personaje
principal y
los sucesos.

regresa en 14 días, Zeus le declarará la guerra a Poseidón. A Percy le dan una encomienda. Debe ir al inframundo, encontrar el rayo y devolvérselo a Zeus en el monte Olimpo antes de que hayan pasado 14 días. Percy lleva consigo a dos amigos, Grover, un sátiro, y Annabeth, la hija de Atenea.

Percy, Grover y Annabeth deben viajar desde Nueva York a Los Ángeles para entrar al inframundo. El viaje es difícil. Los amigos luchan contra monstruos durante el recorrido. Ares, el dios de la guerra, les juega muchas bromas. Afortunadamente, Percy tiene un escudo especial que lo mantiene a salvo.

Las cosas no se ponen sencillas para Percy una vez que llega al inframundo. Hades, el dios del inframundo, dice que no tiene el rayo. Dice que su yelmo de la oscuridad está perdido. Y acusa a Percy de haberse robado ambos. Para probarlo, Hades dice que el rayo está dentro de la mochila de Percy. ¡Y allí estaba! Percy, Grover y Annabeth escapan del inframundo y vuelven a Nueva York.

Al final del libro, Percy va al monte Olimpo, en el piso 600 del edificio Empire State. Le entrega el rayo a Zeus. También ve a su padre por primera vez. Percy luego les dice a los dioses que él cree que el dios Cronos causó todo el problema. Cronos reinaba antes de que lo hiciera Zeus. Ahora Cronos quiere eliminar a los dioses griegos. Percy se va del monte Olimpo al final de la reunión. Todos se arrodillan y lo llaman héroe. Finalmente, Percy vuelve a casa con su madre.

Conclusión
Vuelve a
enunciar el título
y el autor, y da
una opinión
sobre el libro.

Percy Jackson y el ladrón del rayo, escrito por Rick Riordan, es un libro emocionante. Pero es solo el comienzo de las historias de Percy Jackson. ¡No veo la hora de leer el resto de los libros de la serie y descubrir qué sucede después!

Relato personal

Un **relato personal** describe un suceso interesante o importante de la vida del escritor. Dice cómo se siente el escritor sobre el suceso.

Partes de un relato personal

- Un comienzo que atrae la atención de los lectores y los hace querer leer más
- Sucesos reales en orden cronológico
- Descripciones vívidas de las personas y los sucesos del relato
- Contado en primera persona
- Un final que resume el relato o dice cómo se siente el escritor

Comienzo
Hace que los lectores quieran leer más.

La semana pasada tuve el mejor día de mi vida. ¡Tuve a mi papá para mí solo! Esto no pasa con mucha frecuencia. Mi papá trabaja mucho. Cuando llega a casa, por lo general tiene que ayudar a mi mamá con mi hermano menor y mis hermanas. Sin embargo, el sábado pasado éramos solo Papá y yo.

Primero, Papá me levantó temprano. Montamos nuestras bicicletas y fuimos a nuestro restaurante preferido a desayunar. Me comí un plato lleno de panqueques y tomé una taza grande de chocolate caliente. Generalmente, el almuerzo

Desarrollo
Habla sobre los sucesos en el orden en que sucedieron.

con mi familia es un poco alocado. Mi hermana menor siempre derrama cosas y todos parecen hablar al mismo tiempo. Pero no esta vez. Realmente disfruté sentarme a la mesa con Papá y conversar. Me contó historias graciosas de cuando tenía mi edad. Le conté sobre mis maestros y mis amigos.

Otras palabras de transición
Para comenzar
A continuación
Después de eso
Durante
Después de un rato
Mientras tanto
Después
Al final

Las descripciones vívidas muestran qué ve, escucha o siente el escritor.

Después de desayunar, Papá y yo fuimos a la ciudad a ver un partido de béisbol. Teníamos asientos justo detrás de la línea de la tercera base. Estábamos tan cerca que podía ver la cara de los jugadores. ¡Incluso casi atrapo un *foul*! También fue un juego muy interesante. Tres jugadores batearon jonrones y el marcador estaba igual al final de la última entrada. En ese momento, los espectadores se

Los detalles interesantes muestran qué sucede o qué siente el escritor.

volvieron locos. Vitorearon, aplaudieron y gritaron hasta el último minuto. Por supuesto, nos unimos a la diversión. Vitoreamos tanto que nuestra voz al final sonaba como la de una rana. El partido duró mucho tiempo, pero no me importó. Creo que me hubiera quedado ahí todo el día.

Volvimos a casa entrada la tarde. Mamá se había ido de compras con mi hermano y mis hermanas, así que la casa estaba en silencio. Papá y yo aprovechamos toda la casa.

Final
Dice cómo resultó el relato y cómo se siente el escritor.

Nos sentamos en el sofá, miramos una película y comimos palomitas de maíz. No me imaginaba una mejor manera de terminar el mejor día de todos. ¡Solo espero volver a tener pronto otro día con Papá!

Observa cómo el autor de este escrito:

• Escribió una introducción que atrajo la atención de los lectores.

Otras maneras en que podría haber presentado el relato son haciendo una pregunta o pasando directamente a la acción.

¿Alguna vez has tenido un día que estabas seguro de que nunca olvidarías? Pedaleaba mi bicicleta tan rápido como podía y Papá estaba apenas a unos pies detrás de mí.

Etiquetas y pies de foto

Las **etiquetas** y los **pies de foto** son palabras que describen gráficas, diagramas y tablas. Una etiqueta es una palabra o una frase. Un pie de foto es una oración.

Estas **etiquetas** describen los tipos de figuras que se muestran en los diagramas.

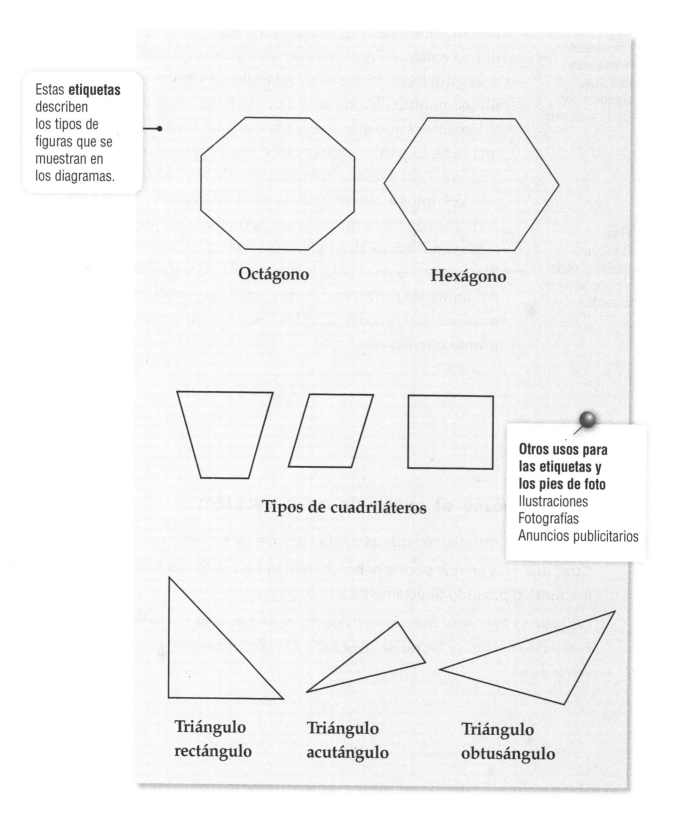

Octágono

Hexágono

Tipos de cuadriláteros

Otros usos para las etiquetas y los pies de foto
Ilustraciones
Fotografías
Anuncios publicitarios

Triángulo rectángulo

Triángulo acutángulo

Triángulo obtusángulo

Estudiantes que participan en la feria de ciencias

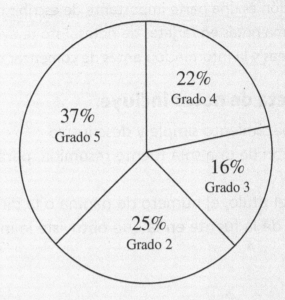

Las etiquetas de la gráfica circular indican el grado y los porcentajes.

Este **pie de foto** da más información sobre la gráfica circular.

Desde el 15 hasta el 19 de marzo, la escuela media Adams tuvo su décima feria anual de ciencias. Aunque el quinto grado tuvo la mayor cantidad de participantes, el cuarto grado tuvo más proyectos ganadores.

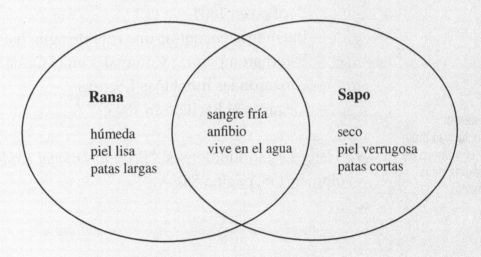

Las ranas y los sapos pertenecen al mismo grupo animal, por lo tanto, comparten algunas características. Aunque a simple vista se parecen, si miras con atención, observarás las diferencias en su apariencia.

Estrategias para tomar notas

Reunir información es una parte importante de escribir un informe. Al investigar, toma notas en tarjetas de notas. Esto te ayudará a organizar tus ideas y la información antes de comenzar el escrito.

Cada tarjeta de notas incluye:

- Un encabezamiento simple y descriptivo
- Información de una sola fuente resumida, parafraseada o citada
- El autor, el título, el número de página o la dirección del sitio web de la fuente en la que obtuviste la información

Esta información es un resumen de una sola fuente.

Meriwether Lewis y William Clark, exploraciones

- Lideraron la expedición del río Missouri a la costa del Pacífico en 1804.
- Intentaron encontrar una ruta de agua hacia el Pacífico.
- Estudiaron plantas y animales en el Oeste.
- Cruzaron las montañas Rocosas.
- Llegaron al Pacífico en 1805.

("Héroes estadounidenses", *Revista National Explorer*, volumen 138, página 56)

Fuente
Incluye el título y el número de página de la fuente.

William Clark

A cargo de trazar el curso y los mapas; dibujó algunos de los primeros mapas de la región de las montañas Rocosas.

(Betty Newell, *La vida de William Clark,* página 264)

Meriwether Lewis

- Lewis pasó mucho tiempo fuera del bote.
- Estudió las plantas, los animales y las formaciones rocosas que vio a lo largo del viaje.
- Completó docenas de cuadernos con dibujos y diagramas.

(http://www.---.edu/mlewis)

Expedición de Lewis y Clark: efectos

"La expedición de Lewis y Clark abrió un nuevo mundo a los estadounidenses. Logró que todo pareciera posible. Pero sobre todo, le dio fuerzas a la idea de que estábamos destinados a expandirnos hacia el oeste".

(Michael Witts, *Hacia el oeste: La historia de Lewis y Clark,* página 378)

Diario

Un **diario** es un cuaderno privado en el que puedes escribir sobre lo que quieras. Puedes escribir sobre algo interesante que te sucedió, tus ideas y sentimientos, o cualquier cosa que tengas en mente.

Partes de un diario

- La fecha en la parte superior de cada nueva entrada
- Un comienzo que indica de qué trata la entrada
- Detalles importantes que muestran tus pensamientos y sentimientos
- Lenguaje informal que suena como si estuvieras hablando con un amigo

La fecha de la entrada está en la parte superior de la página.

El comienzo indica de qué trata la entrada del diario.

Los detalles explican tus pensamientos y sentimientos.

1 de febrero

Odio que me pregunten qué quiero ser cuando sea grande. O sea, ¿cómo voy a saberlo? ¡Recién estoy en segundo grado! Mi mamá dice que cuando me hacen esta pregunta en realidad intentan saber cosas de mí, como qué me interesa. Entonces, eso me hizo pensar. Comencé a pensar en todas las cosas que me gustan y en cómo podría trabajar en alguna de ellas en el futuro.

Bueno, me encanta mirar las estrellas de noche. Quizá sería maravilloso ser astronauta. Seguro que las estrellas se ven muy brillantes en el espacio. También sería divertido flotar por todos lados. Podría hacer saltos mortales en el aire y hacer de cuenta que estoy nadando. Siempre me pregunté qué hay en el lado oscuro de la Luna. Probablemente podría

Otros usos del diario
Hacer lluvias de ideas
Resolver problemas
Dibujar
Escribir cuentos
Escribir poemas
Memorias
Diario de aprendizaje
Definiciones

Usar un lenguaje informal significa usar palabras y frases que suenan tuyas.

saberlo si fuera astronauta. El único problema es que los astronautas llegan muy alto en el aire. No soy fanática de las alturas.

Sería bastante impresionante ser chef. Después de todo, me encanta comer. Mi papá hace el mejor guiso de frijoles verdes. En realidad, su aspecto es un poco repugnante, pero es muy rico. Y mi mamá hace una ensalada de frutas increíble con jugo de limón fresco. Pero la cosa es así: no me gusta cocinar. Toma mucho tiempo cortar todo. Y tampoco es divertido lavar los platos y limpiar después. Por lo tanto, creo que ser chef tampoco es el trabajo para mí.

Tal vez sea guarda de zoológico. ¡Los animales son tan maravillosos! Amo a mi perro, Butch, y a mi gato, Button. Ni siquiera me molesta cuidarlos. Bueno, casi que no me molesta. No es divertido limpiar la caja sanitaria. Y Butch se queja cuando lo cepillo. Eso me hace sentir muy mal por él. Además, los guardas de zoológico tienen que cuidar animales grandes. No estoy tan segura de que me gustaría hacer eso.

Mi prima dice que debo unirme a un circo. Sé que bromea, pero puede ser divertido. Puedo aprender a hacer malabares y ser payaso. O quizá pueda ser una de esas personas que hacen que los leones salten a través de aros. Tampoco me molestaría aprender a usar el trapecio. Sería espectacular volar a través del aire de esa manera. Probablemente no tendría miedo de las alturas porque sabría que hay una red abajo para atraparme. Pero bueno, ¿a quién quiero engañar? Los circos viajan a todos lados. Me gusta estar cerca de casa.

Muchas entradas de diario terminan con un pensamiento final.

¡Uff! Estoy justo donde empecé. Todavía no tengo idea de lo que quiero ser cuando sea grande. Pero llegué a una conclusión. Ojalá dejen de preguntarme qué quiero ser. En cambio, deberían preguntarme qué me interesa. ¡Está claro que tengo muchas respuestas!

Índice

4500828153-0607-2021

Printed in the U.S.A